我国国有经济布局结构的战略性调整研究
历程与启示（1997—2012）

甘志航 著

图书在版编目（CIP）数据

我国国有经济布局结构的战略性调整研究：历程与启示：1997—2012 / 甘志航著. — 成都：四川大学出版社，2022.8
（博士文库）
ISBN 978-7-5690-5652-5

Ⅰ.①我… Ⅱ.①甘… Ⅲ.①国有经济－经济布局－战略性调整－研究－中国－1997-2012 Ⅳ.①F121.21

中国版本图书馆 CIP 数据核字（2022）第 159005 号

书　　名	我国国有经济布局结构的战略性调整研究：历程与启示（1997—2012） Woguo Guoyou Jingji Buju Jiegou de Zhanlüexing Tiaozheng Yanjiu: Licheng yu Qishi（1997—2012）
著　　者	甘志航
丛 书 名	博士文库

丛书策划：张宏辉　欧风偲
选题策划：徐　凯　张宇琛
责任编辑：徐　凯　张宇琛
责任校对：毛张琳
装帧设计：墨创文化
责任印制：王　炜

出版发行　四川大学出版社有限责任公司
　　　　　地址：成都市一环路南一段 24 号（610065）
　　　　　电话：（028）85408311（发行部）、85400276（总编室）
　　　　　电子邮箱：scupress@vip.163.com
　　　　　网址：http://press.scu.edu.cn
印前制作　四川胜翔数码印务设计有限公司
印刷装订　成都市新都华兴印务有限公司

成品尺寸　170mm×240mm
印　　张　13.75
字　　数　212 千字
版　　次　2022 年 9 月 第 1 版
印　　次　2022 年 9 月 第 1 次印刷
定　　价　68.00 元

本社图书如有印装质量问题，请联系发行部调换

版权所有 ◆ 侵权必究

四川大学出版社
微信公众号

前　言

　　新中国成立以来，国有经济和国有企业一直是我国社会主义经济的支柱，为我国社会主义经济发展和人民生活改善做出了重要贡献。尤其是改革开放以来，我国国有经济的活力、控制力和影响力不断增强，国有企业的运行质量和效率不断提高。国有经济不仅为我国社会主义制度的建立和完善提供了物资基础，同时还在国际上担负了我国国家利益的代表者和维护者的角色，国有经济已经成为我国社会主义市场经济的重要基石和稳定器。但目前，我国国有经济和部分国有企业仍然存在一些不容忽视的问题，如政企职责不分、企业法人财产权缺失、激励约束不足、经营机制僵化、治理机制不完善、国有经济战线太长、布局太散、行业集中度不高、规模经济和范围经济不显著、竞争力不强等。这些问题的形成既有历史原因，也有现实原因。这些问题也是发展中的问题，需要我们通过深入推进国有经济的战略性调整和深化国有企业改革来解决。

　　当前，国际国内形势复杂多变。自2008年源自美国的金融危机席卷全球，并导致全球性经济危机以来，世界经济格局正在发生变化。我国已经成为世界第二大经济体，发达国家对我国的发展"爱恨交加"。世界主要经济体对全球资源和市场的争夺日趋激烈，金融、科技、资源和环境领域的争战不断加剧。我国在经济快速发展的同时，传统经济增长方式面临严峻挑战，内需不足，对出口和投资高度依赖，结构性矛盾导致的产能过剩与供给不足并存，高消耗、高排放、低效益导致的资源环境压力不断加大，增长、就业与通胀间的"跷跷板效应"日益显现。这些经济领域的矛盾和问题可能会成为社会不稳定的诱因。面对新形势，国有经济和国有企业的生存和发展面临严峻挑战，已经成为关乎社会主义前途和命运，关乎国家发展和民生保障的大问题。深入推进国有经济的战略性调整已经成为新时代国有经济发展的必然选择。

国有经济的战略性调整早在1997年党的十五大报告中就已经被提出。25年来，国有经济的战略性调整取得了长足进展，有不少成功经验，特别是在国有经济的战略调整阶段（1997—2012），我国通过推进国有经济布局结构的战略性调整，使得国有经济和国有企业发生了历史性巨变。对这一历史时期国有经济布局结构战略性调整的历程与成就进行系统梳理和评价，有助于为新时代进一步深入推进国有经济布局和结构调整提供历史经验总结和实践政策指引。

本书从经济史视角，站在新时代的战略高度，正确认识战略调整阶段（1997—2012）国有经济所有制结构、产业结构、空间结构和企业组织结构的阶段现状和存在的问题，并通过总结历史经验、完善策略路径，为新时代深入推进国有经济布局结构的战略性调整提供政策启示，以不断提升国有经济的竞争力、创新力、控制力、影响力、抗风险能力，在新时代更好发挥国有经济的稳定器、压舱石和战略支撑作用。

甘志航
2022年5月于中共重庆市委党校

目　录

导　论 …………………………………………………………（ 1 ）

第一章　我国国有经济及其发展历程 ……………………（ 8 ）
　第一节　国有经济的概念和职能 ……………………………（ 8 ）
　第二节　我国国有经济的产生和形成 ………………………（ 20 ）
　第三节　我国国有经济的发展阶段 …………………………（ 25 ）

第二章　我国国有经济战略调整阶段的布局结构现状及时代
　　　　特征（1997—2012） ………………………………（ 37 ）
　第一节　我国所处的工业化阶段判断 ………………………（ 37 ）
　第二节　我国国有经济布局结构的阶段现状（1997—2012）
　　　　　………………………………………………………（ 42 ）
　第三节　我国国有经济战略调整阶段的时代特征（1997—2012）
　　　　　………………………………………………………（ 67 ）
　第四节　对我国国有经济布局结构调整提出的阶段要求……（ 70 ）

第三章　我国国有经济布局结构战略性调整的阶段成效评价
　　　　（1997—2012） ……………………………………（ 73 ）
　第一节　我国国有经济布局结构战略性调整取得的成就……（ 73 ）
　第二节　我国国有经济布局结构战略性调整存在的问题……（ 86 ）

第四章　国外国有经济布局结构调整的历史考察及经验借鉴
　　　　………………………………………………………（ 95 ）
　第一节　国外国有经济布局和结构调整的历史考察…………（ 95 ）
　第二节　国外国有经济布局和结构调整的因素分析…………（117）

第三节 国外国有经济布局结构调整历程对我国的经验借鉴
意义……………………………………………………(124)

第五章 新时代我国国有经济布局结构战略性调整的理论内涵及必然性……………………………………………………(127)

第一节 我国国有经济布局和结构调整的目标演进…………(127)

第二节 新时代我国国有经济布局结构战略性调整的理论内涵
……………………………………………………………(130)

第三节 新时代我国国有经济布局结构战略性调整的必然性
……………………………………………………………(133)

第六章 新时代我国深入推进国有经济布局结构调整的政策启示及实践路径……………………………………………(138)

第一节 新时代国有经济战略性调整中所有制结构的完善
……………………………………………………………(138)

第二节 新时代国有经济战略性调整中产业结构的优化……(147)

第三节 新时代国有经济战略性调整中空间结构的重组……(166)

第四节 新时代国有经济战略性调整中企业组织结构的再造
……………………………………………………………(182)

结　语……………………………………………………………(197)

参考文献…………………………………………………………(199)

导 论

一、研究背景及研究意义

（一）研究背景

我国《宪法》第七条规定："国有经济，即社会主义全民所有制经济，是国民经济中的主导力量。国家保障国有经济的巩固和发展。"[①]

新中国成立以来，国有经济和国有企业一直是我国社会主义经济的支柱，为我国社会主义经济发展和人民生活改善做出了重要贡献。尤其是改革开放以来，我国国有经济的活力、控制力和影响力不断增强，国有企业的运行质量和效率不断提高。正如《共同理想的基石——国有企业若干重大问题评论》一书指出的："国有企业是中国共产党执政的重要经济基础，是国民经济的重要支柱，是我国全面建设小康社会的重要力量；国有企业在保障国家安全和保障民生方面都发挥着不可替代的作用；国有企业还是落实国家宏观经济政策以及参与国际竞争的生力军。"[②] 国有经济不仅为我国社会主义制度的建立和完善提供了物质基础，同时还在国际上担负了我国国家利益的代表者和维护者的角色，与其他企业相比，国有企业在社会主义中国承担

---

① 中华人民共和国中央人民政府门户网站. 中华人民共和国宪法 [EB/OL]. http://www.gov.cn/guoqing/2018-03/22/content_5276318.htm.
② 刘国光. 共同理想的基石——国有企业若干重大问题评论 [M]. 北京：经济科学出版社，2012：1.

了更多的社会责任，做出了更多的贡献。

党的十一届三中全会后，我国国有经济经历了改革发展阶段（1979—1996）、战略调整阶段（1997—2012），现在正处于深化改革阶段（2013年至今）。在战略调整阶段（1997—2012），我国通过推进国有经济布局结构的战略性调整，使得国有经济和国有企业发生了历史性巨变。多数国有企业通过股份制改造上市，变成了产权多元化的股份有限公司或有限责任公司，全国国有企业改制面已超过90%。国有企业的经营机制和激励约束机制发生了深刻变化，"小散乱"的格局已彻底改变。国有资产在一般生产加工行业的比重已降至11.9%，而在基础生产行业和支柱产业中的比重已上升至50.6%，在军工、电信、民航、石油及天然气开采和电力供应领域则占到了90%以上。[①] 国有资产质量和国有经济运行效率不断提高，1994年，我国最大的500家国有企业全年销售收入的总和还不如美国通用汽车公司一家的销售收入[②]，到2013年，我国已有80多家国有企业进入世界500强，其中，中央企业45家。国有经济已经成为社会主义市场经济的重要基石和稳定器，在社会主义市场经济体制的完善中发挥着不可替代的作用。

当然也应当看到，我国国有经济和部分国有企业目前仍然存在一些不容忽视的问题，如政企职责不分、企业法人财产权缺失、激励约束不足、经营机制僵化、治理机制不完善、国有经济战线太长、布局太散、行业集中度不高、规模经济和范围经济不显著、竞争力不强等。这些问题的形成既有历史原因，也有现实原因。这些问题也是发展中的问题，需要我们通过深入推进国有经济的战略性调整和深化国有企业改革来解决。

然而，当前国内国外有一些人利用国有经济和国有企业存在的问题大做文章，形成了一股"倒国有企业"的浪潮。一些人以"国有企

[①] 国务院国有资产监督管理委员会党委. 坚定不移地推进国有企业改革发展 [J]. 求是，2012（10）：14—17.

[②] 白天亮. "十二五"国有企业改革方向初定，国企将分公益性竞争性 [N]. 人民日报，2011-12-14.

业垄断论、与民争利论、腐败论、低效论、产权不清晰论、退出竞争性领域论"等种种观点撰文著述，且影响不小。有的人甚至"妖魔化"国有企业，主张"全民均分国有资产"，全盘私有化。持上述观点的人中，有的可能是别有用心，有的可能是认识缺失。

党的十八大以来，中国特色社会主义进入新时代。[①] 面对复杂多变的国际国内形势，党的十八届三中全会指出，当前我国既面临着十分复杂的国际形势，也担负着艰巨繁重的国内改革发展稳定任务。[②] 自2008年源自美国的金融危机席卷全球并导致全球性经济危机以来，世界经济格局正在发生新的变化。我国已经成为世界第二大经济体[③]，发达国家对中国的发展"爱恨交加"。世界主要经济体对全球资源和市场的争夺日趋激烈，金融、科技、资源和环境领域的争战不断加剧。我国在经济快速发展的同时，传统经济增长方式面临严峻挑战，内需不足，对出口和投资高度依赖，结构性矛盾导致的产能过剩与供给不足并存，高消耗、高排放、低效益导致的资源环境压力不断加大，增长、就业与通胀间的"跷跷板效应"日益显现。这些经济领域的矛盾和问题可能会成为社会不稳定的诱因。

党的十九届六中全会指出，实践发展永无止境，解放思想永无止境，改革开放也永无止境。[④] 面对新形势，国有经济和国有企业的生存和发展面临严峻挑战，已经成为关乎社会主义前途和命运，关乎国家发展和民生保障的大问题。经验证明，中国特色的社会主义经济发展离开了国有企业不行，当今世界上也没有哪一个国家的经济发展能够完全离开国有企业。但是，我国国有经济和国有企业的发展沿袭过去的模式和路径也不行。深入推进国有经济布局结构的战略性调整已

[①] 中华人民共和国中央人民政府门户网站. 中共中央关于党的百年奋斗重大成就和历史经验的决议 [EB/OL]. http://www.gov.cn/zhengce/2021-11/16/content_5651269.htm.

[②] 新华网. 中国共产党第十八届中央委员会第三次全体会议公报 [EB/OL]. http://news.xinhuanet.com/politics/2013-11/12/c_118113455.htm.

[③] 新华网. 中国超越日本成为全球第二大经济体 [EB/OL]. http://news.xinhuanet.com/fortune/2011-02/14/c_121074485.htm.

[④] 中华人民共和国中央人民政府门户网站. 中共中央关于党的百年奋斗重大成就和历史经验的决议 [EB/OL]. http://www.gov.cn/zhengce/2021-11/16/content_5651269.htm.

经成为新时代国有经济发展的必然选择。

(二) 研究意义

党和国家推进国有经济布局结构战略性调整的成就与经验,是党的百年奋斗重大成就和历史经验的有机组成部分。特别是在国有经济的战略调整阶段(1997—2012),我国国有经济战略性调整取得了长足进展,也有不少成功经验。对这一历史时期国有经济布局结构战略性调整的历程与成就进行系统梳理和评价,有助于为新时代进一步推进国有经济布局和结构调整提供历史经验总结和实践政策指引。

同时,在新时代正确认识国有经济所有制结构、产业结构、空间结构和企业组织结构的阶段现状、存在的问题和完善策略,并通过深入推进国有经济布局结构的战略性调整和国有企业改革,不断提升国有经济的竞争力、创新力、控制力、影响力、抗风险能力,对于未来更好发挥国有经济的稳定器、压舱石和战略支撑作用也具有极其重要的现实意义。

二、相关文献综述

从1997年党的十五大明确指出"要从战略上调整国有经济布局"以来,国内学者从多个角度对国有经济调整问题进行了研究,形成了20世纪90年代末到21世纪初的第一个研究高峰;2008年国际金融危机后,世界经济格局发生了深刻的变化,特别是2013年党的十八届三中全会以来,我国进入全面深化改革新阶段,改革开始进入攻坚期和深水区,国有经济和国有企业的生存和发展面临严峻挑战,关于新时代如何深入推进国有经济调整的研究又开始活跃起来。而国外学者暂时还没有关注到从战略上优化调整国有经济的问题,他们的研究多集中于国有企业经济绩效等层面。

(一) 国外文献综述

国外学者对国有经济和国有企业调整和改革的研究最早可追溯到

20世纪30年代"大萧条"时期对西欧各国加速国有化的研究;第二次世界大战之后,随着西方各国相继迎来国有经济扩张的高潮,学者们开始关注国有企业经济绩效、公司治理、私有化等层面的问题(马姆德·阿里·阿尤布等,1987;约瑟夫·斯蒂格里兹,1988;Galal A. 等,1994)。

在经济绩效方面,多数国外学者认为国有经济部门效率低下,主张实行私有化(Ronald H. Coase,1960),也有一些学者提出了不同的看法,认为尽管所有制是导致国有企业效率低下的重要原因,但并不是唯一原因(马姆德·阿里·阿尤布等,1987);还有学者认为公有企业的低效率来自其不必担心破产而缺乏竞争,但根源在于企业内部缺乏有效的奖赏激励和惩罚约束制度(约瑟夫·斯蒂格里兹,1988)。

在公司治理中股权结构与公司绩效的关系研究方面,学者的结论是迥异的。有的认为公司股权结构与公司绩效无关(Holderness C. 和 Sheehan D.,1988),另一些研究则表明股权结构与公司绩效具有相关性(McConnell J. 和 Servaes H.,1990)。

在私有化方面,学者们认为,对大多数国家和地区而言,国有企业的私有化促进了效益的改善。对墨西哥218家非金融国有企业私有化的研究(La Porta R. 和 Lopez-de-Silanes F. 1999)和对智利、马来西亚、墨西哥等发展中国家国有企业民营化案例的研究(Galal A. 等,1994)都证明了私有化可以重塑企业激励机制,提升企业管理效率,并减少雇员,降低成本,从而最终提高企业效益。但也有学者注意到,国有企业的私有化在改善自身效益的同时也会引发其他社会问题,如民营化显著提升了社会失业水平,甚至引起了广泛的失业(Ramamurti R.,1997;D'souza J. 和 Megginson L.,1999;Laurin C. 和 Bozec Y.,2001)。

从目前收集到的文献资料来看,国外学者几乎没有关注到国有经济布局结构的战略性调整问题。

(二) 国内文献综述

从1997年党的十五大报告明确指出"要从战略上调整国有经济布局"以来，国内学者从多个角度对国有经济的战略性调整问题进行了研究。就研究内容而言，主要关注国有经济布局结构战略性调整的必要性和重要意义、基本原则、方式手段、规模边界等问题。

在必要性和重要意义层面，认为国有经济战线太长、布局太散，使得有限的国有资本难以支撑过于庞大的国有经济盘子，因此必须对它进行战略性改组（吴敬琏等，1997；张春霖，1999）；而且要加快国有企业改革和发展，也必须依托于国有经济布局战略性调整（范恒山，2002；马建堂，2003）。虽然经过多年的国有经济调整，我国国有企业的整体状况发生了很大的变化（金碚，2010），但仍存在着外部总体布局调整几乎处于停滞状态，内部产业布局集中度不够、关键领域缺失，调整手段以行政捏合方式为主、市场发挥作用欠佳等突出问题（陈东琪等，2015），现有国有经济与成熟的社会主义市场经济体制的要求还有很大差距（黄群慧，2016）。

在基本原则层面，认为应按照以市场经济中的国家职能为准绳、兼顾国有经济的现有基础所确定的优先顺序首先考虑排在前列的行业的需要（吴敬琏等，1997），既要考虑资源配置的一般规律，又要考虑本国的经济制度、体制和国民经济的结构（许向真，2006）；也有学者认为，政府不宜人为地设定国有经济调整的标准（纪宝成，2004），可根据国有经济的社会公共品性质确定国有经济战略性调整的空间布局（郝书辰等，2007）。随着研究的深入，学者们普遍认识到，国有经济优化调整具有动态性、阶段性等特点，需要预见性地、动态地加以调整、变革与完善（杜国功，2020）；特别是在新时代，必须要更好地服务于经济高质量发展、国家整体重大战略和改革系统性、整体性、协同性（黄群慧，2020）。

在方式手段层面，可以采取股权转让、债转股、资本化、清算等主动调整手段和降低国有企业占比、提高负债率、混合所有制、破产等被动调整手段（张春霖，1999）；也可以从实现企业层面的优胜劣汰、资产层面的战略集中、经济层面的最高利益三个层面来进行（王忠明，2008）；更重要的是要着眼于整个国民经济和社会发展，致力于国有企业治理机制的完善、创新与管理效率的提高（李政，2010）；进而通过调整国有经济功能定位和布局、确立国有经济的主要实现形式、构建新国有经济管理体制、奠定国有经济高效运行的微观治理机制（中国社会科学院工业经济研究所课题组，2014），从政府、企业制度创新、国有资产管理部门、企业、社会五个层面做强做优做大国有企业（洪功翔，2016）。

在规模边界层面，大部分学者认为国有经济存在的范围和行业应缩小至非竞争性领域，提出我国国有经济规模并未处于经济规模区间（刘怀德，2001），其规模上限最高不应超过30%（于良春，1998）；不过仍有学者认为国有经济并不需要完全退出竞争性领域甚至可以主动进入竞争性领域（沈越，2001），国有经济战略性调整也并不意味着国有经济应当全面退出竞争性领域（纪宝成，2004）。但是，随着我国所有制结构调整逐渐到达临界点（荣兆梓，2012），国有经济与非国有经济的结构关系已经趋于稳定（汪立鑫等，2019），学者们开始从方法论上关注国有经济产业布局优化和结构调整中的核心问题（肖红军，2021）。

综上所述，现有研究成果总体十分丰富，对于推进我国国有经济布局结构的战略性调整颇有启发，并发挥了积极作用。但是，以往的研究侧重于对国有经济布局和结构调整进行整体性和宏观性的学理性研究，而专门关注国有经济战略性调整过程，特别是我国国有经济战略调整阶段（1997—2012）的历程成就与经验启示的文献和探讨还相对贫乏。

第一章　我国国有经济及其发展历程

第一节　国有经济的概念和职能

我国的国有经济从新中国成立开始建立起来之后，一直都是国民经济的重要支柱，在国家经济建设与发展过程中起主导作用。国有经济历来都是社会主义经济理论的研究热点和组成部分，明确国有经济的概念及存在形式，回顾国有经济的职能演变，阐明国有经济的功能定位，有助于我们深刻理解其在我国的产生及发展。

一、国有经济及国有企业的概念

（一）国有经济及其定义

在以往的研究当中，国有经济的概念经常被使用，但是其也经常与全民所有制经济、国有企业、国有资产、国有资本等概念混淆。因此在这里我们有必要先对国有经济的概念进行阐释。

一般认为，国有经济的概念有广义和狭义的区别。[①]

广义的国有经济是指归国家所有的一切经济资源，并以此为资产进行的一切经济活动的总和。这里的经济资源包括自然资源（如土地、森林、矿藏等）和公共资源（如专卖权、许可证、配额等），经

---

① 陈鸿. 国有经济布局 [M]. 北京：中国经济出版社，2012：19.

济活动包括国家权力的象征——获取财政收入,也包括以国有企业为载体实施的经济行为。

狭义的国有经济则主要是基于企业的角度来定义的,是指国家所有以企业形式存在的资产或股份。这里的企业形式即我们通常所说的国有企业。由此可见,国有企业是国有经济在微观层面的一种表现形式。

全民所有制经济是从生产资料所有制角度提出的概念。全民所有制经济是社会主义初级阶段我国公有制经济的主要形式,是生产资料归全体劳动人民共同所有的一种公有制经济。[1] 当国家作为全体人民的代表,行使和表达全体人民对生产资料的全部权力的时候,全民所有制经济也就表现为国有经济。因此,在我国现阶段,全民所有制经济是等同于国有经济概念的,在2018年3月11日第十三届全国人民代表大会第一次会议通过的《中华人民共和国宪法修正案》第七条中就有这样的表述:"国有经济,即社会主义全民所有制经济,是国民经济中的主导力量。国家保障国有经济的巩固和发展。"[2]

国有企业前面已经提到,是国有经济的微观载体和表现形式,也是国有经济的实现形式之一。国有企业,在计划经济年代又被称为全民所有制企业或国营企业,是全社会劳动者共同占有生产资料的公有制企业。[3] 随着经济体制改革的深入和市场经济的发展,国有企业与"国营"分离,而随着股份制的发展,国有企业的所有制表现形式也发生了微妙的变化,不再局限于企业财产全部归国家所有这种单一的形式。

国有资产则是指归国家所有的一切财产并由此产生的财产权利的总和。国有资产的概念实际上包含在国有经济概念之中,国有经济中归国家所有的经济资源即国有资产的范畴。在表现形态上,国有资产

---

[1] 朱方明. 政治经济学(下册)[M]. 成都:四川大学出版社,2005:12.
[2] 中华人民共和国中央人民政府门户网站. 中华人民共和国宪法[EB/OL]. http://www.gov.cn/guoqing/2018-03/22/content_5276318.htm.
[3] 朱方明. 政治经济学(下册)[M]. 成都:四川大学出版社,2005:112.

通常表现为企业形态、公共产品形态、货币形态和资源形态。①

国有资本是社会再生产过程中不断运动的国有资产,是国有资产的价值表现和动态存在形式,是所有权归国家所有的资本。国有资本跟一般"资本"相比具有显著的双重性,一方面它作为"资本",具有竞争性、逐利性等体现市场经济性质的特点;另一方面国有资本又不是纯粹意义上的"资本",它还具有公益性、政策性和调节性等体现公有制经济性质的特征。

本书对"国有经济"的定义,主要是基于狭义的概念。从其资产的载体形式上就表现为经营性的国有资产,即国家投入到各类企业用于生产、经营、服务等活动的,以营利为基本目的的资本金及其收益所形成的资产。

(二)国有企业及其特点

1. 国有企业的概念

在国外经济学的有关文献中,"国有企业"的英文一般用"State-Owned Enterprises",指的是按照相关公司法律成立的国有制企业,同时政府及其代表机构对这些企业拥有足够的、能够保证其控制权的股份。② 而在我国,有关国有企业的表述也经历过几次变化,从最开始的全民所有制企业,到后来的国营企业,再到现在的国有企业,概念也是随着经济改革的推进而发生着转变。

全民所有制企业是指由全社会劳动者共同占有生产资料的公有制企业。国营企业的概念是在全民所有制企业概念的基础上强调了国家直接经营,并且经营活动符合国家计划这一特点。现阶段我国的国有企业是指资本全部或主要由国家投资的企业形式,包括国有资本占主要比例的股份制企业、由国家投资的国有独资公司和全民所有制企业。

---

① 徐传谌,郑贵廷等. 国有经济资源优化配置系统论[M]. 北京:经济科学出版社,2006:29.

② 伍柏麟,席春迎. 西方国有经济研究[M]. 北京:高等教育出版社,1997:10.

不管国内外对国有企业概念的界定是否存在差异，以及国有企业在我国的不同经济发展阶段的概念是否有所不同，作为国有企业，它至少应具备以下四个组成方面：一是国有企业应该是一个具有自主权的经营性企业，二是国有企业应该是一个政府所有或者政府处于绝对或相对控股地位的企业，三是国有企业应该是一个会受到政府决策直接或间接影响的企业，四是国有企业是一个遵照市场规则来提供产品和服务的企业。

2. 国有企业的特点

国有企业与私人企业相比，共同点在于都是"企业"，即它们都是一个拥有自主权的经营企业，需要通过市场规则来向社会和消费者提供产品和服务，从而补偿成本，获得利润。与私人企业不同的是，国家作为国有企业的所有权主体，其决策将直接或间接地影响国有企业的经营活动，有时候这种影响甚至是支配性的，如政府可以通过任命或委派国有企业的管理者间接影响企业的内部决策，甚至是通过主管机构发布行政命令来直接支配国有企业的经营活动。而私人企业的最终出资人是私人，因此私人企业的领导人和管理者都是由出资人或者股东依照利益最大化原则来选择的。这就是产权特征的不同，也最终导致了国有企业和私人企业在目标方面的差异，通常来说，私人企业是以追求利润最大化为目标的，而国有企业在追求利润目标的同时还会更多地兼顾社会目标。

国有企业与政府机构相比，共同点在于它们的所有权属于国家并受国家的支配和控制，其目标中都涉及为社会整体利益服务的部分。不同之处在于国有企业是一个"企业"，需要通过向市场提供产品和服务来获得运行资金，政府机构则是依靠定期的财政预算和拨款来获得运行资金，这就要求国有企业具有更高的运行效率，要通过市场来接受监督和约束。[①] 因此，有观点认为国有企业不是一个真正的企

---

① 伍柏麟，席春迎. 西方国有经济研究 [M]. 北京：高等教育出版社，1997：18—19.

业，但又具有许多企业的属性，是一种特殊的企业法人。①

二、国有经济的存在形式

国有经济的存在形式是指国有经济在微观形态上的表现形式，即国有企业的具体实现形态。在国外有几种比较典型的国有经济的存在形式，包括法国的分类管理与计划合同形式、意大利的国家参与制形式、瑞典的分权管理形式和美国的出租管理形式等。②

法国的分类管理是根据企业竞争性、行业规模效益和基础设施投资三个标准将国有企业分为不同类型来进行管理；计划合同则是通过财税、外部政策影响企业的中长期发展规划来对企业进行调控。

意大利的国家参与制形式是由国家组建的控股公司对国有企业的股份进行逐级控制，政府则通过各个控股公司对国有企业进行管理。

瑞典的分权管理形式强调的是运用经济、法律手段对国有企业进行间接调控，包括制定法规和条例促进企业的规范化和法制化。

美国的出租管理形式是将国有企业以具有法律效力的契约形式出租给私人组织，政府通过向出租企业订货以间接提供资金。

在国内，国有经济比较适合的实现形态主要包括国有独资公司、股份制、企业集团、股份合作制、托管经营等。

国有独资公司是国有经济的重要实现形式，它是由国家单独投资设立的有限责任公司。国有独资公司一般是国家为了对关系国民经济和社会发展的关键领域和行业进行控制而采取的形式，多见于国防、电力、航天等领域。

股份制是现阶段国有经济最主要的实现形式，具体表现为有限责任公司和股份有限公司两种形态。股份制将分散的生产要素集中起来，有利于扩大国有经济的控制范围和国有资产的保值增值。

企业集团是由两个及两个以上的国有企业所组成的多层次法人集

---

① 杨卫东. 国企工具论 [M]. 武汉：武汉大学出版社，2012：50.
② 李华. 发达国家对国有经济管理的经验借鉴 [J]. 经济社会体制比较，2001（4）：48—53.

体,其并不具备一般性,主要适用于效益较好的大中型国有企业,是适应社会化大生产的一种国有经济实现方式。

股份合作制的特点是企业职工既是劳动者又是出资人,其同样不具备一般性,是针对国有小企业的比较有效的国有经济实现方式。

托管经营是指企业资产所有者或其代表通过法律形式(契约),在一定条件下和期限内,将企业中的国有资产交给具有较强经营管理能力,并能承担相应经营风险的法人和自然人有偿经营。[①] 托管经营相对于出售、兼并、破产等更能为社会所接受。

三、国有经济的职能

国有经济是国家代表全体所有者占有生产资料的公有制形式,要理解国有经济的职能,就必须从国家的经济职能入手。纵观经济学史,对于国家经济职能的认识主要经历了三个阶段。第一个阶段是公共产品论,即传统国家经济职能说,认为传统国家的经济职能仅是提供公共产品和服务,目的是弥补市场的不足,而对于其他众多领域只需要市场调节就可以了。第二个阶段是经济干预论,即现代国家经济职能说,认为现代国家不仅要为人们提供公共产品和服务,还要通过各种经济干预政策直接或间接地调节和控制社会经济活动,并对国民收入进行再分配。第三个阶段则是综合了前两个阶段的观点,认为在当前的市场经济条件下,市场机制是社会资源配置的基础,但是在很多情况下市场机制的调节会失效,即存在市场失灵(market failure),此时就必须依靠国家在外部进行干预,从而纠正市场失灵,以实现相应的经济和社会目标。

国有经济是以国家为主体的经济活动,国家又是国有经济的代表,因此国有经济的职能便是国家经济职能的具体表现。纵观经济史,国有经济作为社会化大生产的一种组织经营形式,始终执行着重要职责,在现代经济中具有重要地位,发挥着其他经济形式难以替代

---

① 郭东风. 国有企业托管问题的背景分析 [J]. 战略与管理,1997 (5):50—54.

的作用。①

（一）我国国有经济职能的演变

在我国，当社会处于不同的经济发展阶段时，国有经济的功能和作用有所差异。国有经济的功能会随着社会的进步、经济发展阶段的演进和人们认识客观世界的深入而改变，可以说具有比较明显的阶段特征。在计划经济年代，我国的国有经济除了承担一般的经济职能，还承担了相当多的社会职能，突出表现在"企业办社会"方面。

首先是吸纳就业。在计划经济年代，除了政府机关和事业单位，几乎所有的城镇劳动力都是在国有企业中就业的。即使到了2020年，我国仍有超过5500万人在国有单位就业，占总就业人数的比重接近7.5%，占城镇就业人数的比重超过12%，占非私营单位就业人数的比重超过32%。② 实际上从正常情况来看，企业为了自身经营活动的需要和生存发展也会聘用人员就业，这并不是什么社会功能，但是如果企业吸纳人员就业不是为了自身发展需要，而是为了承担国家安全和维护社会稳定的责任，那就另当别论了。改革开放以后，随着个体经济、民营经济的发展壮大和外资的进入，其吸纳的社会人员就业比重日益提高，很大程度上也减轻了国有经济吸纳就业的压力。但从长远来看，国有经济在很长一段时间内仍然会在我国的就业体系中占据重要的地位。

其次是提供公共福利。这里的公共福利主要指的是教育、医疗和养老。一是教育。由于过去受财力限制，国家对教育的投入十分有限，而工业化大生产又需要大量的人才，因此在计划经济年代，国有企业承担了开办小学、中学、职业学校和高等院校的责任。随着教育体制改革的深入和教育产业化的发展，教育功能已基本剥离完成。二是医疗。医疗曾是国有企业的一项重要公共功能，国有企业的职工医院就是最明显的例子。随着医疗体制改革的深入，这项功能也基本剥

---

① 戚聿东，边文霞，周斌.国有经济战略调整与国有企业改制研究[M].北京：经济管理出版社，2003：17.

② 资料来源：根据《中国统计年鉴》2021年有关数据整理计算。

离完成。三是养老。在我国社会保障体系建立之前,我国的养老保障是以企业和单位为载体的。随着1997年《国务院关于建立统一企业职工基本养老保险制度的决定》的实施,国有企业养老保障的社会职能完全退出历史舞台。

除上面所提到的两项社会职能外,国有企业承担的社会福利功能还有许多,大的方面包括住房保障、社区服务,小的方面如幼儿园、生活用品等。在当时的历史条件下,这些为解决职工的福利问题起到了非常重要的作用,如今大部分功能已经由社会来提供。

由此可见,在计划经济年代甚至是改革开放后的一段时期内,国有经济都承担了过多的经济社会功能,扮演了本应由社会扮演的角色。这都使得国有经济的整体竞争力被削弱,国有企业的活力和效率降低。因此,正确定位现阶段我国国有经济的功能就显得十分必要。

(二)现阶段我国国有经济的功能定位

我国的社会主义性质决定了我国的国有经济必然在国民经济发展当中发挥着主导作用,国有经济的公共属性决定了其实现社会公共价值、追求社会公共目标、保障社会公共利益的基本职能。现阶段,我们不能仅仅只依靠国有经济的数量大小和比例高低来定位国有经济的功能,而应该从国有经济维护国家安全和社会稳定、保障公共利益、引领和带动经济发展、辅助国家宏观调控四个方面来确立其功能定位。

1. 维护国家安全和社会稳定

无论是在西方发达国家还是在我国,维护国家安全和社会稳定都是国有经济的特有功能。

国有经济维护国家安全表现在国有经济通过在关系国计民生和国民经济命脉的重要行业和关键领域占支配地位以维护国家的政治、经济和国防安全。在西方发达国家,国有经济主要分布在或自然垄断性高,或外部性、公益性强,或资金密集程度高的行业,同时也包括一些高新技术和新兴领域。军事工业是世界各国普遍由国有经济控制的行业，原因就在于其直接关系到国家的国防安全，且具有高度的机密性和专用性，因此需要国有经济来控制和掌握。在我国，党的十五届四中全会通过的《中共中央关于国有企业改革和发展的若干重大问题的决定》就提到："国有经济需要控制的行业和领域主要包括：涉及国家安全的行业，自然垄断的行业，提供重要公共产品和服务的行业，以及支柱产业和高新技术产业中的重要骨干企业。"①

国有经济维护社会稳定则表现为国有经济通过促进社会就业和提供社会福利，或是在特殊时期对民间企业进行接管和救助来维护社会的安定和谐。维护社会稳定历来是国有经济的重要职能，特别是在危机时期，国有经济通常为了维持社会就业水平，不但不会裁员，反而还会扩大吸纳就业，如西欧国家战后大规模的国有化浪潮除了恢复总体经济，还有一个重要目的就是扩大就业，2008年金融危机后我国的情况也是如此。从2005年至2020年，我国国有单位就业人数的绝对值和相对值基本呈逐年下降的趋势（见表1－1），但2009年至2012年却出现了例外，主要是由于这一时期国家实施了应对金融危机的各项政策，如适度扩大招聘规模，以缓解社会就业压力。

表1－1　2005—2020年我国国有单位就业人数及其占总就业人数的比重变化情况

年份	就业人数（万人）	总比重（%）
2005	6488	8.69
2006	6430	8.58
2007	6424	8.53
2008	6447	8.53
2009	6420	8.47
2010	6516	8.56
2011	6704	8.77
2012	6839	8.92
2013	6365	8.27

---

① 中国共产党新闻网. 中共中央关于国有企业改革和发展的若干重大问题的决定［EB/OL］. http://cpc.people.com.cn/GB/64162/71380/71382/71386/4837883.html.

续表1-1

年份	就业人数（万人）	总比重（%）
2014	6312	8.17
2015	6208	8.02
2016	6170	8.09
2017	6064	7.97
2018	5740	7.57
2019	5473	7.25
2020	5563	7.41

资料来源：根据《中国统计年鉴》2006—2021年相关数据整理计算。

2. 保障公共利益

国有经济保障公共利益是指国有经济为了弥补市场失灵和私人失败，承担公用设施和基础设施的建设经营任务，或者进入私人无力投资或不愿投资的领域，以为社会提供公共产品和服务，保障公共利益，增进社会总体福利。

现实中，某些公用设施和基础设施领域如邮政、电信、电力、石油、铁路、公路、航空、港口等，一方面投资规模大、投资回收期长、风险大，私人无力投资或不愿投资；另一方面由于为社会提供普遍服务，具有较强的垄断性和正外部性；此外还是整个国民经济的基础产业，跟其他行业的关联度大。此时由政府通过国有经济来直接建设和经营，不仅能保证公共产品和服务的有效供应，还能比较容易地解决社会宏观效益和企业微观效益之间的矛盾。又如供水、供电、供气等公共产品领域，同样为社会生产和人民生活提供不可或缺的重要物质保证，其提供的产品和服务几乎没有收入弹性，一旦私人投资进入这些领域，其必然会利用这种垄断优势攫取高额利润，使社会的公共利益受到损害。因此，政府需要通过国有经济对这些领域进行管制，保证其提供符合价格标准和质量标准的产品和服务。

而像空间技术、信息技术、生物工程、新材料、新能源等战略性新兴产业，代表着一个国家未来的竞争制高点和产业结构高级化的发展方向,具有较强的正外部性,关系到国家竞争力的提升,同时也需要投入巨额的研究费用,且风险大、沉淀性强,如果单纯依靠私人投资来发展,不利于产业的快速成长和壮大,此时由国有经济进行投资,可以弥补私人投资的不足。

3. 引领和带动经济发展

促进国民经济又好又快发展,保持本国经济发展在世界范围内的领先地位,是当前任何一个国家政府的重要职能之一。国有经济引领和带动经济发展,一方面依靠基础工业、支柱产业和战略性新兴产业的壮大,另一方面则依靠科技进步的主导。这两方面的实现可以通过政府制定相关产业政策来促进,也可以通过国有经济来直接完成,而最佳的是二者相互补充,互为支撑。

基础工业、支柱产业和战略性新兴产业历来是体现一个国家综合国力和整体竞争力的主要行业,尽管在不同的历史时期,相关产业的范畴是不同的,但政府对这些产业发展的广泛参与却是一样的。在我国的工业化初期和中期阶段,飞机制造、钢铁、重化工、汽车制造、电子等都曾是国有经济重点发展领域,并在这些领域中培育了一批具有国际竞争力的国有企业,推动了相关行业的发展壮大。如石油石化行业的中国石油、中国石化、中国海油,汽车行业的中国一汽、东风汽车、上海汽车,机械装备制造行业的中国一重、中国机械、哈尔滨电气、东方电气,船舶行业的中国船舶等。

科技进步已日益成为推动一国经济发展的重要动力,国有经济在科技创新中起着为整个国民经济发展探路和铺路的作用。技术创新不仅需要投入大量的资金,并且这种投资由于具有超前性还具有非常大的风险。在此情况下,科技创新自然就成为国有经济重点投入的领域,同时我国的国有企业也具备引领科技创新的经济实力和技术实力。如在载人航天、特高压电网、高速动车、深水钻井平台等领域和工程中,我国的国有企业已取得了一批具有自主知识产权和国际领先的科技创新成果。

4. 辅助国家宏观调控

为了弥补市场机制的不足，同时实现各项经济社会职能，政府通常被赋予一定的控制经济的权力，这就是我们通常所说的宏观调控。国有经济辅助国家宏观调控主要体现在国有经济对国民经济具有调节和控制的能力，是引导和促进国民经济健康发展的重要物质保障。

由于国有经济在关系国计民生的重要行业和领域占据支配地位，具有支配和引导社会资本的能力，同时在特殊时期国有经济也能够充当国民经济的稳定器，而更重要的是国有经济能够发挥其他经济成分所不能替代的保障国家经济战略平衡的作用，因此国有经济一直都是国家实现宏观经济目标、调节经济社会矛盾的重要辅助手段。如2008年美国次贷危机爆发后，2008年和2009年我国国有经济在全社会固定资产投资中的比重一反逐年下降的趋势，出现了上升，在随后的2011年和2012年又恢复下降趋势；而从国有经济实施固定资产投资的增速上看，2008年和2009年的增速出现了将近10%和20%的大幅提升，这表明为了配合国家拉动经济和消费增长的投资促进政策，国有经济显著增大了投资，以求稳定社会总需求，遏制整体经济下滑，进一步强化了国家财政政策的效果（见表1-2）。

表1-2 2005—2017年国有经济在全社会固定资产投资中的投资额和比重变化情况

年份	投资额（亿元）	比重（%）	增速（%）
2005	29666.9	33.4	18.5
2006	32963.4	30.0	11.1
2007	38706.3	28.2	17.4
2008	48704.9	28.2	25.8
2009	69692.5	31.0	43.1
2010	83316.5	30.0	19.5
2011	82494.8	26.5	-0.1
2012	96220.2	25.7	16.6

续表1-2

年份	投资额（亿元）	比重（%）	增速（%）
2013	109849.9	24.6	14.2
2014	125005.2	24.4	13.8
2015	139711.3	24.9	11.8
2016	129038.5	21.3	-7.6
2017	139073.3	21.7	7.8

数据来源：根据《中国统计年鉴》2006—2018年相关数据整理计算，2018年以后无相关数据。

总之，国有经济功能是一个动态的概念，随着我国经济的不断发展完善以及处于不同的发展时期，国有经济的功能也有所区别。但无论处于什么样的时期，国有经济都应具有两大基本功能：一是进行生产、创造利润的经济功能；二是实现充分就业、公平收入分配、贯彻国家政策、维护社会稳定的社会功能。[1]

第二节 我国国有经济的产生和形成

我国社会主义国有经济[2]最初并不是通过无产阶级社会主义革命对资产阶级的财产进行剥夺、实行国有化之后建立的。[3] 实际上我国社会主义性质的国有经济早在新中国成立前的解放区内就已经产生，这并不是通过没收官僚资本建立的，而是为了战时形势的发展和革命的需要建立的。不过当时国有经济的数量和规模都很小，以国有工业为主，大部分为军用工业（如兵工厂、弹药厂、被服厂、炼铁厂等），也有一些民用工业（如煤矿、盐井、纺织厂等），还包括部分国有商

---

[1] 纪玉山，贾成中等. 竞争性领域国有经济战略性改组研究 [M]. 北京：科学出版社，2009：27.

[2] 当时称"国营经济"或"国营企业"，为方便叙述和概念统一，这里均称"国有经济"或"国有企业"。

[3] 孙健. 中华人民共和国经济史 [M]. 北京：中国人民大学出版社，1992：40.

业和银行。这时的国有经济对根据地和解放区的巩固和发展起了重大作用。

新中国成立后,我国的国有经济正式建立,经过 1949—1952 年国民经济的恢复,逐渐形成规模并不断壮大。新中国成立后,我国的社会主义国有经济和国有企业主要通过三种方式建立:一是没收官僚资本,二是征用帝国主义在华资本,三是改造民族资本主义工商业企业。

一、没收官僚资本

以蒋、宋、孔、陈四大家族为代表的官僚资本在旧中国经济中占有相当大的比重。截至新中国成立前,官僚资本几乎占到全国工业资本的 2/3,全国 90% 的钢产量、33% 的煤产量、67% 的发电量、100% 的石油和有色金属产量、45% 的水泥产量都由官僚资本垄断,官僚资本还控制了全国 37.6% 的纱锭、60% 的织布机、90% 的糖和全国银行资本总额的 59%。[1]

此外,由于官僚资本的搜刮掠夺早已使得民不聊生,严重破坏了国民经济,而新中国成立初期国家的经济实力非常薄弱,经济建设困难重重,因此,没收官僚资本,建立社会主义国有经济就显得尤为重要。[2] 1949 年 4 月 25 日发布的《中国人民解放军布告》对没收官僚资本的范围作了说明:"凡属国民党反动政府和大官僚分子所经营的工厂、商店、银行、仓库、船舶、码头、铁路、邮政、电报、电灯、电话、自来水和农场、牧场等,均由人民政府接管。"[3] 据统计,仅在 1949 年,就有 2858 个官僚资本工矿企业被没收,涉及生产工人 75 万多。[4] 1951 年又没收了战犯、汉奸、官僚资本家及反革命分子

---

[1] 孙健. 中华人民共和国经济史 [M]. 北京:中国人民大学出版社,1992:37—38.
[2] 实际上早在解放战争时期,随着城市的逐渐解放,国民党的一部分官僚资本已经被接收,只是数量有限。
[3] 毛泽东选集(第四卷)[M]. 北京:人民出版社,1991:1237.
[4] 孙健. 中华人民共和国经济史 [M]. 北京:中国人民大学出版社,1992:38.

的财产，并相继清理了一般私营企业中的官僚资本股份。

至此，通过没收国民党遗留的官僚资本，社会主义国有经济开始建立并壮大。据统计，当时全国58%的电力产量、68%的原煤产量、92%的生铁产量、97%的钢产量、68%的水泥产量都是由国有经济提供的。[①] 国有经济还控制了全国的铁路和大部分现代交通运输事业，以及绝大部分银行业务和国内外贸易。

二、征用帝国主义在华资本

旧中国时的帝国主义在华企业主要是依靠各种不平等特权来攫取高额利润，并垄断和控制中国的经济命脉。虽然在1948年随着解放战争的节节胜利，外国在华资本纷纷撤走或转移，但截至1949年新中国成立初期，外资企业在华数量仍有1192个，资产12.1亿元，涉及职工12.6万人。[②]

新中国成立初期，我国政府对帝国主义在华企业的基本政策是，只要外资企业遵守中国的相关法令，就会受到政府的保护，政府尊重守法外资企业的财产所有权和经营自主权。但是从1950年12月开始，帝国主义对中国实行封锁禁运，严重损害了我国权益，我国不得不采取对应措施，对帝国主义在华企业实行管制，直至征用。如1951年征用了美国在华的美孚、德士古、中美三家石油公司，英国在华的亚细亚公司及其全部存油，1952年又征用了英国在华的联船厂和马勒机械造船厂等。

此外，许多外资企业由于经营困难而歇业、放弃经营、转让出售出租等，到1953年，在华帝国主义企业减少到563家，资产减少到4.5亿元，职工减少到2.3万人。[③] 这一方面为社会主义国有经济的发展腾出了空间，另一方面通过征用而建立的国有企业也进一步加强

---

① 我国的国民经济建设和人民生活——国民经济统计报告资料选编 [M]．北京：统计出版社，1958：7—8．
② 孙健．中华人民共和国经济史 [M]．北京：中国人民大学出版社，1992：31．
③ 孙健．中华人民共和国经济史 [M]．北京：中国人民大学出版社，1992：36．

了国有经济在这些产业中的地位。

三、改造民族资本主义工商业企业

旧中国的民族资本主义发展缓慢，力量薄弱，且以商业资本和金融资本为主，工业上又基本是轻工业，加之两面性的特点，决定了民族资本主义不可能得到充分发展，但其仍然是不可忽视的经济力量。1949年，28.3%的原煤、59.4%的烧碱、26.1%的水泥、46.7%的棉纱、40.3%的棉布、63.4%的纸、80.6%的火柴、79.4%的面粉都是由民族资本主义工业生产的，其生产总值占全国工业总值的近一半。①

新中国成立初期，虽然通过没收官僚资本和征用帝国主义在华资本，社会主义国有经济得以建立并壮大，但国民经济仍十分落后，因此对于民族资本主义，国家采取的是利用、限制、改造政策。"利用、限制"也就意味着民族资本主义被允许在一定时期内存在并有所发展，这对于新中国成立初期国民经济的恢复是有利的，但不能解决资本主义和社会主义之间的矛盾。而"改造"则是通过国家资本的形式，逐步将私人资本主义企业改造为社会主义企业。1953年以前，国家主要通过加工、订货、收购成品等国家资本的初级形式对私人资本主义进行社会主义改造，而作为国家资本高级形式的公私合营则是从1954年开始的。公私合营主要是通过"赎买"政策来分阶段实现个别企业的公私合营和全行业的公私合营，实行全行业公私合营的企业，除资本家还拿定息之外，已经和国有企业没有多大差别了。②到1956年年底，民族资本主义工商业全部变为公私合营企业，当年全国工业总产值（不包括手工业）中，国有工业占67.5%，公私合营工业占32.5%，已经没有了私营工业。③私营商业占商品零售额的比

---

① 孙健. 中华人民共和国经济史 [M]. 北京：中国人民大学出版社，1992：71.
② 孙健. 中华人民共和国经济史 [M]. 北京：中国人民大学出版社，1992：136.
③ 国家统计局. 伟大的十年——中华人民共和国经济和文化建设成就的统计 [M]. 北京：人民出版社，1959：32.

重也由 1950 年的 85% 下降到 1956 年年底的 4.2%，1957 年进一步下降到 2.7%。[①]

改造民族资本主义工商业企业而建立国有企业经历了漫长的过程。1958 年，国家打破企业、行业界限，以及国有、公私合营、合作社经营界限，实行统一规划、统一调整，一批公私合营企业并入国有企业，除仍发给私方人员定息外，基本已变为社会主义全民所有制企业。[②] 到 1966 年，国家取消定息支付，至此我国民族资本主义工商业的改造才最终完成，民族工商业企业得以转化为完全的社会主义国有企业。

经过没收官僚资本、征用帝国主义在华企业和改造民族资本主义工商业企业，我国国有经济得以建立并发展壮大，逐渐在国民经济的基础产业和主导产业领域占据重要地位。社会主义国有工业总产值由 1949 年的 37 亿元增长到 1952 年的 145 亿元，所占比重也由 26.4% 上升到 41.6%[③]；国有商业在批发商业中占据绝对优势，在零售商业中的占比由 1950 年的 14.9% 上升到 1952 年的 42.6%[④]；国有对外贸易进出口额占全国进出口总额的比重由 1950 年的 68.4% 上升到 1952 年的 92.8%[⑤]；国有经济向国家提供的财政收入占国家财政总收入的比重也由 1950 年的 33.4% 上升到 1952 年的 58.1%。[⑥]

---

① 国家统计局. 伟大的十年——中华人民共和国经济和文化建设成就的统计 [M]. 北京：人民出版社，1959：34.

② 戚聿东，边文霞，周斌. 国有经济战略调整与国有企业改制研究 [M]. 北京：经济管理出版社，2003：26-27.

③ 国家统计局国民经济综合统计司. 新中国五十年统计资料汇编 [M]. 北京：中国统计出版社，1999.

④ 国家统计局. 伟大的十年——中华人民共和国经济和文化建设成就的统计 [M]. 北京：人民出版社，1959：34.

⑤ 武力. 中华人民共和国经济简史 [M]. 北京：中国社会科学出版社，2008：34.

⑥ 武力. 中华人民共和国经济简史 [M]. 北京：中国社会科学出版社，2008：41.

第三节　我国国有经济的发展阶段

我国的国有经济自新中国成立正式建立之后，一直以来都是国民经济的重要支柱，在国家经济建设与发展过程中起着主导作用。特别是改革开放以后，国有经济更是不断发展壮大，其结构、质量和控制力也在不断增强。

自1952年我国国有经济基本建立和形成之后，国有经济也经历了改革开放前和改革开放后两个截然不同的发展时期。纵观整个发展历程，其总体上可分为五个阶段：成长阶段、曲折发展阶段、改革发展阶段、战略调整阶段和深化改革阶段。

一、国有经济的成长阶段（1953—1957）

随着1952年国民经济恢复任务的完成，1953年我党提出了过渡时期的总路线，并根据过渡时期"一化三改造"的要求，制定了1953—1957年我国发展国民经济的第一个五年计划。随着第一个五年计划的顺利完成，我国工业化的初步基础也得以奠定，同时也形成了以指令性计划为主、指导性计划为辅的计划经济体制。

在此期间，除了继续进行资本主义工商业的社会主义改造，还通过第一个五年计划的实施大力投资兴建国有企业，进一步壮大了国有经济。在第一个五年计划中，兴建了156个大型工程项目，包括电力、煤矿、石油、钢铁、有色金属、化学和机器制造等重工业，奠定了我国社会主义工业化的基础，形成了一批重点国有工业企业，迄今仍然是我国经济的重要力量。

截至1957年年底，私营工业的产值在全国工业总产值中所占的比重不足1‰，而私营个体商业在全社会商品零售额中也只占到3%。[①]

---

① 武力. 中华人民共和国经济简史［M］. 北京：中国社会科学出版社，2008：76.

社会主义国有工业总产值也由1952年的145亿元增长到1957年年底的378亿元，所占比重也由41.6%上升到53.6%[1]；国有商业在零售商业中的占比由1952年的42.6%上升到1957年的65.7%。[2]

表1-3 1949—1957年国有工业总产值和国有商业零售额比重变化情况

单位：%

年份	国有工业在总产值中所占比重	国有商业在零售额中所占比重
1949	26.4	N/A
1950	32.5	14.9
1951	34.5	24.4
1952	41.6	42.6
1953	42.9	49.7
1954	47.0	69.0
1955	51.1	67.6
1956	38.9	68.3
1957	53.6	65.7

资料来源：根据《新中国五十年统计资料汇编》和《伟大的十年——国民经济统计报告资料选编》相关数据整理计算。

二、国有经济的曲折发展阶段（1958—1978）

1957年第一个五年计划顺利完成后，虽然我国的社会主义改造和经济建设都取得了令人瞩目的成就，但随着1958年社会主义建设总路线的提出，本应继续实行的第二个五年计划被"大跃进"和"人民公社化运动"扼杀在摇篮之中。由于"大跃进"和"人民公社化运动"给国民经济的发展造成了严重损害，1960年党和国家开始按照"调整、巩固、充实、提高"八字方针对国民经济进行调整，并取得

---

[1] 资料来源：国家统计局国民经济综合统计司. 新中国五十年统计资料汇编[M]. 北京：中国统计出版社，1999.

[2] 国家统计局. 伟大的十年——中华人民共和国经济和文化建设成就的统计[M]. 北京：人民出版社，1959：34.

了一些成效，但仍存在诸多问题。1962年党的八届十中全会决定继续贯彻调整方针，再用三年时间来实现国民经济的根本好转。到了1965年，国民经济调整工作取得了显著成果，并制定了第三个五年计划，但1966年开始的"文化大革命"使刚刚走上正轨的国民经济重新回到崩溃的边缘，虽然在1969—1973年经济又出现了恢复，但1974年的"批林批孔"和1976年的"反击右倾翻案风"又使得国民经济经历了两起两落。1976年"文化大革命"结束后，整体经济才开始迅速恢复。

这20年是我国国民经济曲折发展的20年，也是国有经济曲折发展的20年，从1958年至1978年期间国有工业总产值的变化情况就能看出这样的特点（如图1-1所示）。① 虽然国有工业在曲折中仍然不断发展，却是建立在对生产力的破坏和对资源的浪费基础上的，且跟新中国成立初的8年相比，其发展速度大大放缓。国有工业总产值占全国总产值的比重1958—1965年稳定在90%左右，1966—1978年由于集体工业的发展，比重从1966年的90%缓慢下降到1978年的77.6%。

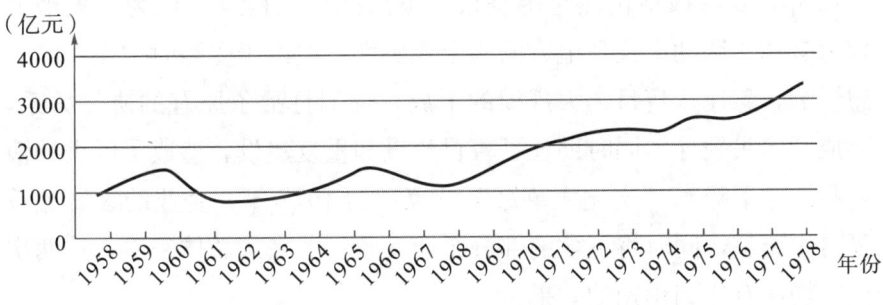

图1-1　1958—1978年国有工业总产值变化情况

但在此期间国有经济发展仍然取得了不小的成就，新建、扩建了一批重要的技术先进的国有企业，如鞍山钢铁厂、包头钢铁厂、大庆油田、胜利油田、攀枝花钢铁厂、成都无缝钢管厂、湖北第二汽车

---

① 资料来源：国家统计局国民经济综合统计司. 新中国五十年统计资料汇编[M]. 北京：中国统计出版社，1999.

厂、德阳第二重型机械厂等。从全国国有企业的资产总量来看，也基本实现了国有资产的保值增值。①

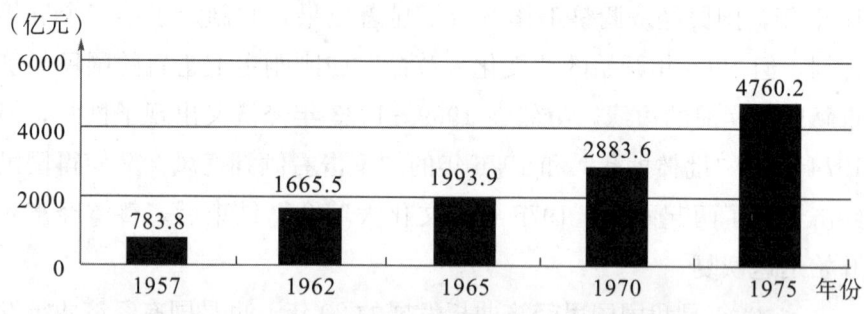

图 1-2　1957—1975 年国有企业资产总量变化情况

此外，这一时期还进行了涉及国有企业的两次经济体制变动。第一次是从 1957 年开始，主要是调整隶属关系，将大部分轻纺工业、商业企业和一部分重工业下放给地方管理，但由于"大跃进"的影响导致下放过快，反倒使原有的经济关系受到破坏，因此在 1960 年年初又将下放过头的企业及管理权限收回，并于 1963 年尝试用经济组织管理经济，试办了托拉斯，推动了国民经济的好转。② 第二次是在 1973 年，这次改革仍然是围绕权力下放问题，初衷是认为扩大地方权力有利于调动中央和地方的两个积极性，但由于受当时"左"的思想影响，急速、盲目、大规模的下放，反倒打乱了原有的协作关系，形成了多头领导，同时助长了盲目建设和重复建设，造成了巨大的浪费和效益下降③；"文化大革命"结束后的 1977 年，企业的隶属关系又再次调整，同时将下放的部分企业又收了上来。总体来看，这两次改革均没有达到预期的效果。

---

① 戚聿东，边文霞，周斌. 国有经济战略调整与国有企业改制研究 [M]. 北京：经济管理出版社，2003：30.
② 孙健. 中华人民共和国经济史 [M]. 北京：中国人民大学出版社，1992：305-308.
③ 孙健. 中华人民共和国经济史 [M]. 北京：中国人民大学出版社，1992：375-376.

三、国有经济的改革发展阶段（1979—1996）

1978年12月十一届三中全会召开后，我国一方面按照"调整、改革、整顿、提高"的八字方针继续进行国民经济的调整工作，另一方面开始实行改革开放政策，国有经济也随之进入改革发展时期。如前所述，我国的经济体制改革早在20世纪50年代中期就曾提出，且也做过多次尝试，但都未能抓住经济体制本身的症结所在。十一届三中全会开始的由农村推向城市、最后全面铺开的经济体制改革，为中国经济的历史性飞跃提供了有利条件。

根据我国国有经济的改革进程，此阶段大体又可分为三个时期：国有企业放权让利的改革、国有企业"两权分离"的改革、国有企业建立现代企业制度的改革。由于其他非公有制经济成分开始出现，打破了国有经济和集体经济一统天下的局面，加之集体经济的进一步发展，这一阶段，国有经济在国民经济中的比重进一步下降。以工业企业为例，国有工业总产值占全国总产值的比重由1979年的80.4%下降到1997年的31.6%（如图1-3所示）。[①] 与此同时，国有资产总量却在快速地稳步提升，由1979年的7389亿元扩大到1997年的72217.1亿元，说明国有经济的结构和质量在不断改善（如图1-4所示）。[②]

[①] 国家统计局国民经济综合统计司. 新中国五十年统计资料汇编[M]. 北京：中国统计出版社, 1999.

[②] 楼继伟. 新中国50年财政统计[M]. 北京：经济科学出版社, 2000.

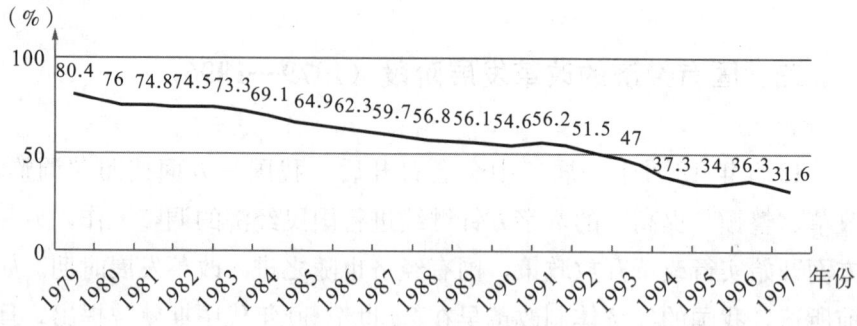

图1-3 1978—1997年国有工业企业总产值占比变化情况

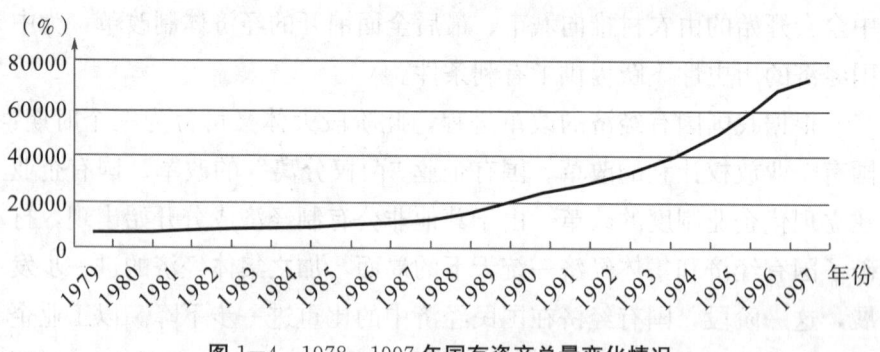

图1-4 1978—1997年国有资产总量变化情况

（一）国有企业放权让利的改革（1979—1985）

在我国传统的经济体制下，本应属于企业的经营管理权集中在政府机构手中，企业成为各级行政机构的附属物，严重缺乏积极性和创造性，阻碍了经济效益和生产效率的提高。"放权"就是要把本应属于企业而被政府机构控制的权力下放给企业，从而扩大企业的自主权，增强企业的活力。

1978年10月，四川省首先选出6家企业[①]进行了扩大企业自主权的试点，到1979年年初试点扩大到100家。1979年5月，国家又在北京、天津、上海选择了8家企业进行试点，都取得了良好的效果。到1980年，全国扩权试点企业发展到6600家，占到全国国有企

---

① 包括重庆钢铁厂、成都无缝钢管厂、宁江机械厂、四川化工厂、新都县氮肥厂和南充钢厂6家。

业总数的 16%、产值的 40% 和利润的 70%。①

"让利"则是实行利改税，即在企业实现的利润中，先征收一定比例的所得税和地方税，再对税后利润在国家和企业之间采取多种形式进行合理分配。"让利"明确和完善了国家和国有企业之间的分配关系，既保证了国家的财政收入稳定，又能促进企业努力改善争取更多收入，从而有效地减少了政府对企业的干预。

这一时期，由于集体工业的继续发展，非公有制经济成分也开始零星出现，国有工业总产值所占比重由 1979 年的 80.4% 下降到 1986 年的 62.3%。

（二）国有企业"两权分离"的改革（1986—1992）

1984 年年底，十二届三中全会发布的《中共中央关于经济体制改革的决定》，把我国推向一个经济体制改革的新阶段，国有企业也随之进入"两权分离"的改革时期。"两权分离"即所有权与经营权分离，其实现需要依靠企业经营机制的改革。企业的多种经营责任制主要包括租赁经营制、承包经营制和股份制。

国有小型企业一般实行的是租赁经营制，而大中型企业多采用承包经营制。从企业数量上看，承包经营制是多数企业的选择。据 1987 年 6 月的统计，全国实行承包经营的大中型企业共有 4046 家，占全国大中型企业总数的 51.8%。② 租赁经营和承包经营的实行都取得了很好的效果，为企业带来了新的生机和活力，经济绩效显著提升，国家的利税收入和职工的工资收入都有明显提高。1988 年 2 月，《全民所有制工业企业承包经营责任制条例》发布，承包经营责任制得到了统一规范，并在更大的范围内推广和完善。

随着放权让利的试点，国有企业经营机制的内在矛盾开始凸显，股份制试点开始推行。1984 年 7 月，我国第一家股份公司——北京天桥百货股份有限公司正式成立；1985 年年底，广州市的 3 家工业

---

① 孙健. 中华人民共和国经济史 [M]. 北京：中国人民大学出版社，1992：459-460.
② 孙健. 中华人民共和国经济史 [M]. 北京：中国人民大学出版社，1992：523.

企业相继进行股份制试点，此后沈阳、上海的少数企业也开始试点股份制。但是由于理论认识不统一、缺乏经验、客观条件限制等，当时股份制试点的范围和数量都还很小。到 1988 年年底，全国也仅有 800 家国有企业改制成股份制企业。①

20 世纪 90 年代初，国有大中型企业经营遇到困难，亏损严重，转变企业经营机制成为深化企业改革的必由之路。随着《全民所有制工业企业转变经营机制条例》的公布实施，股份制试行的范围开始扩大。到 1992 年年初，全国股份制企业已有 3220 家，其中 89 家向社会公开发行股票。②

这一时期，各种经济成分的比重比较稳定，占全国总产值的比重国有工业为 55%～60%，集体工业为 35% 左右，其他非公有制经济成分为 5%～10%。

（三）国有企业建立现代企业制度的改革（1993—1996）

1992 年邓小平南方谈话后，我国的经济体制改革又开始步入新时期，放权让利、多种经营责任制和股份制试点已不能满足进一步改革的需要。1993 年十四届三中全会通过《中共中央建立社会主义市场经济体制若干问题的决定》，拉开了国有企业建立"产权清晰、权责明确、政企分开、管理科学"的现代企业制度的序幕。

国有企业建立现代企业制度的改革的核心就是建立公司制度，尤其是股份有限公司制度，这就进一步推动了股份制试点改革的大范围铺开。试点企业主要采取了三种形式：一是含企业内部职工股份的股份制企业，二是纯法人持股的股份制企业，三是公开发行股票的股份制企业。③ 股份制的进一步试点铺开加快了企业经营机制的转化，理顺了企业内部的关系，为建立现代企业制度的试点做好了先期准备。

20 世纪 90 年代后期国有企业的经营绩效改善依然困难重重，当

---

① 陈鸿. 国有经济布局 [M]. 北京：中国经济出版社，2012：131.
② 孙健. 中华人民共和国经济史 [M]. 北京：中国人民大学出版社，1992：663.
③ 戚聿东，边文霞，周斌. 国有经济战略调整与国有企业改制研究 [M]. 北京：经济管理出版社，2003：35.

时全国有6599家大型国有企业出现亏损。① 因此在股份制试点铺开的基础上，1995年之后，国家先期选择了100家国有大中型企业进行建立现代企业制度的试点。② 到了1997年，试点企业普遍进行了公司制改造，其形式包括独资公司、有限责任公司、股份有限公司和股份合作制等。截至1998年，全国共建立了2343家现代企业制度试点企业，其中改制为股份有限公司的占23%，改制为国有独资公司的占38.8%。③

这一时期，由于非公有制经济成分的迅速发展，国有工业总产值所占比重从1992年的51.6%快速下降到1997年的31.6%。

四、国有经济的战略调整阶段（1997—2012）

1997年，党的十五大报告明确提出要从战略上调整国有经济布局。此后，我国国有经济开始进入战略调整阶段，国有经济的战略性调整全面展开。在此之前，国有经济的改革主要是在微观层面进行的，以无意识的、被动的收缩为主，并且是以国有企业的规模大小作为改革的标准，使得不同地区和不同部门的标准不一致，没有上升到宏观的战略高度。④

---

① 武力. 中华人民共和国经济简史 [M]. 北京：中国社会科学出版社，2008：268.
② 戚聿东，边文霞，周斌. 国有经济战略调整与国有企业改制研究 [M]. 北京：经济管理出版社，2003：35.
③ 陈鸿. 国有经济布局 [M]. 北京：中国经济出版社，2012：134.
④ 纪玉山，贾成中等. 竞争性领域国有经济战略性改组研究 [M]. 北京：科学出版社，2009：16，72.

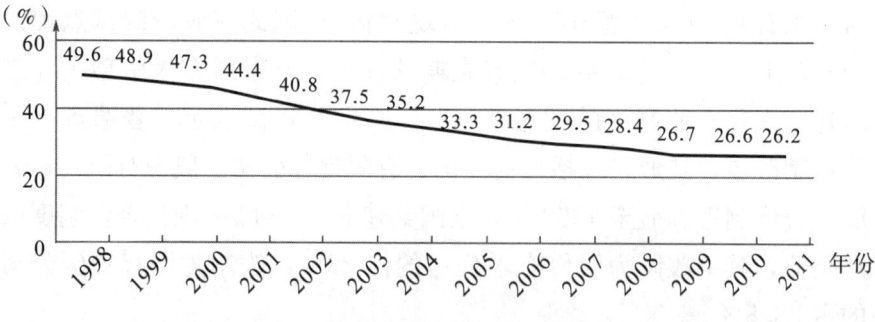

图 1-5　1998—2011 年国有及国有控股工业企业总产值占比变化情况

15 年间,在继续建立和完善国有企业现代企业制度的同时,国家出台了一系列政策,采取了许多具体措施调整国有经济布局,取得了显著成效。以工业部门为例,国有经济的战线明显缩短,运行质量和效率显著提升,对国民经济的调控能力也明显增强。一方面,国有及国有控股工业企业总产值占全部规模以上工业总产值的比重由 1998 年的 49.6% 下降到 2011 年的 26.2%[①];另一方面,从 2002 年到 2011 年,仅中央企业的资产总额就从 7.13 万亿元增至 28 万亿元,营业收入从 3.36 万亿元增至 20 万亿元,上缴税金从 2926 亿元增至 1.7 万亿元(如图 1-5 所示)。[②]

五、国有经济的深化改革阶段(2013 年至今)

面对国有经济战略性调整这一微观层面涉及国有企业公司制股份制改造、内部治理和经营机制改革,宏观层面涉及国有经济布局与结构调整、运营环境重塑的系统复杂工程,党的十八大以来,党中央、国务院坚持问题导向,坚持试点先行,国有企业改革呈现出全面推进、重点突破、成效显现的崭新局面,走出了一条中国特色的改革发展道路。一方面,基本完成了国有企业改革的顶层设计,出台了"1+N"

---

① 资料来源:根据《中国统计年鉴》1999—2012 年相关数据整理计算,由于统计口径发生变化,与 1998 年之前的数据不具备可比性。
② 人民日报评论员. "国有""民营"相互促进共同发展——三论坚持和完善我国基本经济制度[N]. 人民日报,2012-05-19.

("1":《关于深化国有企业改革的指导意见》,"N":相关配套文件)政策,形成了顶层设计和四梁八柱的大的框架;另一方面,改革重点任务不断落实落地,重点难点问题不断取得新突破,包括深入推进"十项改革试点"、稳步推进混合所有制改革、国资监管体制机制不断优化等。

总体来看,这一阶段依托党中央作出的一系列重大决策部署,国有企业改革得以不断向纵深发展:

一是现代企业制度持续完善,混合所有制改革稳妥推进。截至2016年年底,全国超过90%的国有及国有控股企业(不含金融类企业)完成了公司制股份制改革(其中:中央企业的子企业公司制改制面达到92%),中央企业集团及下属企业中混合所有制企业占比达到68.9%,涉及电力、天然气、石油、民航、铁路、军工、电信等多个重点行业。

二是国有资本布局不断优化。通过横向合并和纵向联合,推动国有资本向关系国家安全、国民经济命脉和国计民生的重要行业和关键领域、重点基础设施集中,不断强化国有企业的规模效应,实现优势互补,减少重复建设,优化资源配置。截至2019年年底,共有38家中央企业重组,总数从117家降到96家。

三是结构调整成效显著。去产能方面,2016年,国有企业退出钢铁产能5249万吨,约占全国退出产能的80%,退出煤炭产能20629万吨,约占全国退出产能的70%。清退"僵尸企业"方面,2016年,国有企业共清理退出"僵尸企业"4977户,分流安置职工30.7万人。压缩管理层级方面,截至2019年5月底,中央企业累计减少法人户数14023户,减少比例达26.9%,已超额完成了三年压减20%的目标任务。

四是创新驱动发展能力不断提升,突破性的创新工程不断涌现。通过增加研发投入、搭建各类"双创"平台,聚集社会创新资源和人才资源,有效带动了创新与就业。在高速铁路、商用飞机、载人航天、探月工程、移动通信、特高压输变电、深海探测等领域取得了一批具有世界先进水平的标志性的重大科技创新成果。

五是国有资本监管体制进一步完善。通过健全制度体系、构建监督闭环、盯紧重点环节、强化责任追究,提高监管的针对性、有效性、系统性,防止国有资本流失。

六是国际化经营水平有所提高。国有企业积极参与"一带一路"建设和国际产能合作,境外业务覆盖区域及领域不断扩大,全球资源配置能力和风险管控能力不断增强。

七是充分发挥党组织把方向、管大局、保落实的作用。截至2017年年底,已有98家中央企业将党建要求写进章程,全部实现党委书记和董事长"一肩挑",党对国有企业的领导力不断加强。

第二章　我国国有经济战略调整阶段的布局结构现状及时代特征（1997—2012）

第一节　我国所处的工业化阶段判断

一个国家所处的经济和社会发展时期往往与其所处的工业化阶段紧密相关，明确我国国有经济战略调整阶段（1997—2012）所处的工业化阶段，对于正确把握我国国有经济战略调整阶段的现状及特征具有重要的理论指导意义。

一、根据 H.钱纳里的经济阶段划分法

H.钱纳里等人在《工业化与经济增长的比较研究》一书中借助多国模型，按经济增长源将经济发展进程中典型的经济结构转换对应的人均国民收入水平划分为三大阶段：初级产品生产阶段、工业化阶段、发达经济阶段。三大阶段按人均国民收入的变动范围又分为6个时期，其中第2至第4时期为工业化阶段。按1970年美元计算，一国的经济发展阶段按总量标准可以作如下划分：当人均GNP（国民生产总值）为140～280美元时，处于初级产品生产阶段；人均GNP为280～560美元时，处于工业化初级阶段；人均GNP为560～1120美元时，处于工业化中级阶段；人均GNP为1120～2100美元时，处于工业化高级阶段；人均GNP为2100～3360美元时，处于发达经济初级阶段；人均GNP为3360～5040美元时，处于发达经济高级阶段

（见表 2—1）。①

表 2—1　H.钱纳里的人均 GNP 与经济发展阶段划分

收入水平 （人均 GNP，1970 年美元）	时期	阶段
140～280	1	第 1 阶段（初级产品生产）
280～560	2	第 2 阶段（工业化初级）
560～1120	3	
1120～2100	4	
2100～3360	5	第 3 阶段（发达经济高级）
3360～5040	6	

资料来源：H.钱纳里，S.鲁宾逊，M.赛尔奎因.工业化与经济增长的比较研究[M].上海：上海三联书店、上海人民出版社，1989：91—98.

在运用 H.钱纳里阶段划分总量标准时，必须考虑美元自身的贬值对判断结论可能的影响，为此可以选择两种价格标准之一进行换算，或者把比较期的人均 GNP 换算为 1970 年美元值，或者把发展阶段划分的数量标准调整为比较期的美元值。表 2—2 是经调整后划分发展阶段的特征值。

表 2—2　调整后的人均 GNP 与经济发展阶段划分

收入水平	工业化初期阶段	工业化中期阶段	工业化后期阶段
人均 GNP（1970 年美元）	280～560	560～1120	1120～2100
人均 GNP（2004 年美元）	1440～2880	2880～5760	5760～10810
人均 GNP（2005 年美元）	1490～2980	2980～5960	5960～11170
人均 GNP（2010 年美元）	1654～3308	3308～6615	6615～12398

资料来源：2004 年数据来源于陈佳贵，黄群慧，钟宏武.中国地区工业化进程的综合评价和特征分析[J].经济研究，2006（6）：4—15；2005 年数据来源于陈佳贵，钟宏武.西部地区工业化进程的综合评价和阶段性特征[J].开发研究，2007（1）：6—10；2010 年数据来源于黄群慧.中国的工业化进程：阶段、特征与前景[J].经济与管理，2013（7）：5—11.

---

① H.钱纳里，S.鲁宾逊，M.赛尔奎因.工业化与经济增长的比较研究[M].上海：上海三联书店、上海人民出版社，1989：91—98.

2012年，我国人均GDP（国内生产总值）为38420元，按照2012年美元兑换人民币的年平均汇率6.3125计算，折合为6086美元。① 如果不考虑2010—2012年的通货膨胀和人民币与美元的实际购买力差异，可以得出如下结论：在国有经济战略调整阶段（1997—2012）我国处于工业化中期。如果考虑通货膨胀和人民币与美元的购买力差异，2012年我国可比较的人均GDP将低于6086美元，但仍会高于3308美元②，不会影响处于工业化中期阶段的结论。

二、根据库兹涅茨曲线

美国经济学家西蒙·库兹涅茨等人认为，工业化阶段往往是产业结构变动最迅速的时期，工业化的演进过程也是通过产业结构的变动来表现的。在工业化初期，第一产业的比重会随着工业化的演进逐步下降，而第二产业的比重会随着工业化水平的提高较快上升，第三产业的比重也会在第二产业的拉动下提高；随着工业化的不断推进，第二产业的比重终将超过第一产业并在GDP结构中占最大份额，此时工业化开始进入中期阶段；当第一产业的比重下降到10%以下，而第二产业的比重达到最高水平并保持稳定时，进入工业化的高级阶段。③ 即随着工业化的推进，从三次产业的比重变化上来看，第一产业的比重呈现持续下降的趋势，第二产业和第三产业的比重则会不断提高，并最终超过第一产业，在产业结构中占据主要地位。一般认为，当第二产业增加值占GDP的比重达到40%～60%时，工业化进入中期。其中有两个重要的转折点：当第一产业的比重降低到20%以下时，工业化进入中期阶段；当第一产业的比重再降低到10%左右时，工业化进入后期阶段，此后第二产业的比重转为相对稳定或有

---

① 资料来源：根据《中国统计年鉴》2013年有关数据整理计算。
② 孙久文，丁鸿君. 我国工业化阶段测度的区域特征实证分析——基于江苏、河南、新疆的比较研究[J]. 南京社会科学，2011（7）：28－33.
③ 西蒙·库兹涅茨. 各国的经济增长[M]. 北京：商务印书馆，1999：347－360.

所下降。① 其间，工业在 GDP 中的比重将经历一个由上升到下降的倒 U 型变化过程。

2012 年，我国 GDP 的三次产业结构为 10.1∶45.3∶44.6（见表 2-3），按照库兹涅茨曲线三次产业结构与经济发展阶段的关系判断，在国有经济战略调整阶段（1997—2012），我国已经进入工业化后期，即工业化进程即将完成。但由于我国社会主义经济社会的发展跟一般的资本主义国家的发展历程存在着很大的差异，并结合我国历年 GDP 的三次产业结构的变化情况来看，很显然根据库兹涅茨曲线所判断的结论可能并不符合我国的国情。

表 2-3 我国部分年份 GDP 的三次产业结构

单位：%

年份	第一产业	第二产业	第三产业
1980	30.2	48.2	21.6
1990	27.1	43.7	29.1
2000	15.1	45.9	39.0
2005	12.1	47.4	40.5
2012	10.1	45.3	44.6

资料来源：《中国统计年鉴》2013 年。

三、根据配第一克拉克定律

1940 年英国经济学家克拉克在其《经济发展条件》一书中广泛使用了费希尔"三次产业"划分的思想，并在威廉·配第关于收入与劳动力流动之间关系学说研究成果的基础上，通过对 40 多个国家和地区不同时期三次产业劳动投入和总产出资料的整理比较，总结出劳动力在三次产业中的结构变化与人均国民收入的提高存在一定的规律性，即配第一克拉克定律。该定律表明，随着人均国民收入水平的提高，就业人口首先由第一产业向第二产业转移；当经济水平进一步发

---

① 郭克莎. 中国工业化的进程、问题与出路 [J]. 中国社会科学，2000 (3)：60—71.

展时，就业人口便大量向第三产业转移。①

2012年，我国三次产业的就业人员比重为33.6∶30.3∶36.1②，根据配第—克拉克定律第一产业就业人员比例与工业化阶段划分判断，在国有经济战略调整阶段（1997—2012）我国处于工业化中期（见表2—4）。

表2-4　第一产业就业人员占比与工业化阶段划分

第一产业就业人员占比	工业化阶段
60%以上	前工业化阶段
45%～60%	工业化初期
30%～45%	工业化中期
10%～30%	工业化后期
10%以下	后工业化阶段

资料来源：陈佳贵，黄群慧，钟宏武. 中国地区工业化进程的综合评价和特征分析［J］. 经济研究，2006（6）：4—15.

四、我国国有经济战略调整时期（1997—2012）所处的工业化阶段

综合上述三种判断，基本可以得出如下结论，在国有经济战略调整阶段（1997—2012），我国处在以重化工业为主导的工业化中期。这就意味着我国工业化的过程还很漫长，虽然战略调整阶段我国国有经济的比重下降明显，且分布范围也日益收缩，但在今后比较长的一段时期内，国有经济仍将在我国的工业化进程中发挥着不可替代的重要作用，特别是在一些关键行业和重要领域还将起主导作用并占据支配地位，这也是符合目前发达国家国有经济布局和结构演变的一般规律的。

---

① 苏东水. 产业经济学［M］. 北京：高等教育出版社，2005：183.
② 资料来源：《中国统计年鉴》2013年.

第二节 我国国有经济布局结构的阶段现状（1997—2012）

一、我国所有制结构的阶段现状

所有制问题是一个国家、一个社会制度的根本问题，所有制问题解决的程度关系到一个国家的发展前途。[①] 在我国国有经济战略性调整中，所有制结构问题是国有经济战略性调整的基本问题，也是解决战略性调整其他问题的前提和手段。明确我国所有制结构的阶段现状，有助于分析新时代我国国有经济战略性调整中所有制结构完善的政策启示。

（一）所有制结构的内涵和特征

1. 所有制的含义和表现形式

马克思和恩格斯在《共产党宣言》中就提到，共产党人强调所有制问题，不管这个问题当时的发展程度如何，都将它作为运动的基本问题。[②] 这表明对一个社会所有制状况的研究，是研究这个社会整体发展状况的基础。

"所有制"在马克思的经典著作中用德文表示为"eigentum"，相当于英文的"ownership"，中文翻译为"所有制"。马克思的所有制概念，从横向来看，包括生产资料生产条件所有制、劳动力所有制、产品和消费资料所有制等。[③] 其中，生产资料所有制是马克思所有制

---

① 杨运杰等. 混合所有制论——所有制问题的可持续发展研究 [M]. 北京：中国审计出版社，2000：1—3.
② 马克思恩格斯选集（第一卷）[M]. 北京：人民出版社，1972：285.
③ 晓亮. 所有制理论与所有制改革 [M]. 上海：上海财经大学出版社，2002：3.

概念的核心，这也是我们通常所说的所有制概念的范畴。马克思认为，所有制首先是一定社会人们对于生产条件（生产资料）的所有关系；同时，生产资料所有制也是一种社会经济制度区别于另一种社会经济制度的重要标志，其形式和方式决定着劳动者和生产资料的结合方式，决定着社会生产和再生产各个环节的特点。[①]

综合而言，马克思和恩格斯认为所有制是指一定社会人们对生产资料的所有、占有、支配和使用的经济关系，而在这些经济关系中，生产资料的归属是根本和基础。[②] 因此，就有了后来人们根据马克思和恩格斯对所有制规定的范围不同所划分的狭义的所有制和广义的所有制，广义的所有制即所有制的一般概念和范畴，狭义的所有制则指一定社会条件下人们对生产资料的所有关系。

从所有制的表现形式来看，人类社会的不同发展阶段有着不同类型的所有制表现形式。从我国现阶段来看，所有制的表现形式有三种：公有制、非公有制和混合所有制。[③] 其中混合所有制从严格意义上来讲并不能算作一种基本的、独立的所有制形式，因为它是由两种或两种以上的基本所有制形式联合或结合而成的。但随着经济体制改革的深入和社会主义市场经济的发展，由各种所有制经济共同组成的各种形式的混合所有制企业愈发壮大，并会伴随国有企业投资主体多元化和国有企业组织形式多样化而成为我国未来经济发展中的重点方向。

2. 所有制结构的含义

所有制结构一词可以追溯到马克思当年使用的社会经济结构概念，马克思在《政治经济学批判导言》中就指出："人们在自己生活的社会生产中发生一定的、必然的、不以他们的意志为转移的关系，即同他们物质生产力的一定发展阶段相适合的生产关系，这些生产关

[①] 朱方明. 政治经济学（下册）[M]. 成都：四川大学出版社，2005：3.
[②] 王胜利. 中国特色社会主义所有制结构研究[M]. 北京：经济科学出版社，2009：36.
[③] 李楠. 中国现阶段所有制结构及其演变的理论与实证研究[M]. 武汉：武汉大学出版社，2008：65-68.

系的总和构成社会的经济结构。"① 但这里的"经济结构"并不等于"所有制结构",马克思和恩格斯的经济理论中也并没有直接提出所有制结构这一概念,不过在相关经典著作的论述中却有着丰富的所有制结构思想。马克思和恩格斯认为,首先,生产力水平、生产方式的发展决定所有制结构的发展状况;其次,一定社会的所有制结构是一种所有制占支配地位、多种所有制形式并存;最后,各种社会形态所有制结构的变迁本质上是占有支配地位的所有制形式的变迁。②

具体来看,所有制结构是指各种所有制及其具体形式的相互关系及数量比例。③ 一个社会的所有制结构同样在不同的历史时期有不同的组合形式,就现阶段来看,我国的所有制结构是指公有制为主体、多种所有制经济共同发展的基本经济制度。

(二) 所有制结构合理性的判断标准

所有制结构的选择并不是统治者主观行为的结果,而是社会生产力和经济发展的客观要求。虽然从主观上来讲,在一定时期内的一定社会发展水平上,统治者有选择所有制形式的主观能动性,从而表现为形成特定的所有制结构。但如果放眼人类发展的历史长河,这似乎又只是历史必然性背后的一种偶然性了。因此,对于我国所有制结构合理性的判断可从以下几个方面来考虑。

首先,坚持"三个有利于"的判断标准,即要看所有制结构的调整和完善是否能够有利于生产力的发展,有利于人民生活水平的公平提高,有利于国家经济安全和民族经济独立。④ 这"三个有利于"并不是分离的,而是相互联系、相互依存的统一体,有利于生产力的发展是基础和前提。能否适应生产力的要求,能否促进生产力的发展,决定着一种所有制的历史地位和一种所有制结构的存续时间。也就是

---

① 马克思恩格斯选集(第二卷)[M]. 北京:人民出版社,1972:82.
② 王胜利. 中国特色社会主义所有制结构研究 [M]. 北京:经济科学出版社,2009:74-77.
③ 朱方明. 政治经济学(下册)[M]. 成都:四川大学出版社,2005:9.
④ 王胜利. 中国特色社会主义所有制结构研究 [M]. 北京:经济科学出版社,2009:255.

说，凡是有利于生产力发展的所有制结构，都应该大力支持。以"三个有利于"来判断所有制结构的合理性解放了思想，使我国能在坚持公有制主体地位的前提下放手发展非公有制经济。[①] 因此，"三个有利于"作为一种原则性的判断标准肯定了一切符合"三个有利于"的所有制形式都能用来为社会主义服务这一命题的合理性。

其次，坚持完善社会主义市场经济体制的判断标准，即要看所有制结构的调整和完善是否能够最大限度地提升社会资源的整体优化。社会主义市场经济体制完善的核心是要更加尊重市场规律的作用，在市场经济条件下，所有制结构的调整也必须尊重市场规律。所有制结构调整的结果反映的应该是市场竞争的结果，不只是一种单纯的人为的安排，而是在尊重市场机制的前提下，充分考虑当前不同所有制经济发展和分布的现状，充分发挥市场在资源配置中的决定性作用，有针对性、有计划推进的一种调整形式。通过所有制结构的调整和完善，实现以公有制为主体、多种所有制形式共同发展的所有制结构和公有制实现形式的多样化；形成有效的市场价格机制、供求机制、竞争机制和风险机制，在同一市场体系的基础上，各种所有制经济实现依法平等使用生产要素、公平参与市场竞争、同等受到法律保护。

最后，坚持增强国有经济的活力、控制力、影响力的判断标准，即要看所有制结构的调整和完善是否能够坚持公有制的主体地位和国有经济的主导作用。所有制结构调整的实质是国有资本从某些领域退出或进入某些领域，即表现为伴随着所有制结构变迁的国有经济产业结构、空间结构和企业组织结构的变化。国有经济的活力是指国有经济能够体现国家的综合国力和国际竞争力，对其他经济成分产生带动和扩散效应，如在技术创新、产业升级等方面对其他经济成分发挥较强的示范、导向和推动作用。国有经济的控制力是指国有经济在关系国家安全和国民经济命脉的重要行业和关键领域占支配地位，在社会主义市场经济中起主导作用，实现国家宏观战略目标、保障国民经济

---

① 李楠. 中国现阶段所有制结构及其演变的理论与实证研究 [M]. 武汉：武汉大学出版社，2008：76—77.

平衡发展，控制和带动整个社会经济的可持续发展。国有经济的影响力是指国有经济引导社会经济发展方向，在维护社会经济秩序、促进产业和地区经济平衡发展、辅助国家宏观调控等方面对其他经济成分发挥较显著的影响。

（三）战略调整阶段（1997—2012）我国所有制结构的阶段现状

随着1957年第一个五年计划的顺利完成，我国在所有制结构上形成了由国有经济和集体经济组成的单一的公有制经济一统天下的局面。其间虽然公有制经济的内部结构在发生变化，国有经济所占比例不断下降，集体经济所占比例不断上升，但从整体的所有制结构来看，公有制经济一统天下的状态在改革开放前一直未曾改变。十一届三中全会后，党中央提出了公有制为主体、多种所有制经济平等竞争和共同发展的方针，非公有制经济开始在我国所有制结构中出现，由此，我国开始进入所有制结构调整的新的历史阶段。

以工业为例，1979—1997年，公有制工业企业（包括国有企业和集体企业）总产值占全国工业企业总产值的比重从100%下降到67.7%，其中国有工业企业总产值占全国工业企业总产值的比重从80.4%下降到31.6%；而非公有制工业企业总产值占全国工业企业总产值的比重从0上升到22.3%（如图2—1所示）。[①]

[①] 国家统计局国民经济综合统计司. 新中国五十年统计资料汇编 [M]. 北京：中国统计出版社，1999.

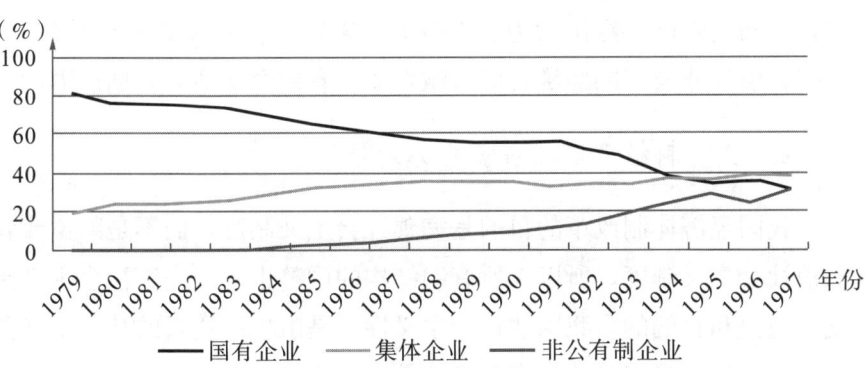

图 2-1　1978—1997 年全国不同所有制工业企业总产值占比变化情况

1997 年，党的十五大报告提出要全面认识公有制经济的含义，并首次使用了"混合所有制"的提法。此后，我国国有经济战略调整阶段（1997—2012）的所有制结构开始初步形成，公有制的实现形式也开始多元化，多种所有制成分在社会主义市场经济中竞相发展。

1. 以公有制为主体、多种所有制经济共同发展的格局已经形成

回顾我国所有制结构的演变过程，随着改革开放大幕的拉开，我国的所有制结构发生了重大变化，从过去由国有经济和集体经济组成的单一的公有制转变为包括国有经济、集体经济、个体经济、私营经济、外资经济和混合所有制经济等经济成分在内的多元所有制结构，以公有制为主体、多种所有制经济共同发展的格局已基本形成。

实践证明，公有制为主体是社会主义的一条根本准则，非公有制经济是社会主义市场经济的重要组成部分，两者完全可以在市场竞争中发挥各自优势，共同发展。公有制为主体、多种所有制经济共同发展是一个统一的整体，既要坚持公有制的主体地位，又要发展其他经济成分，二者之间是不能割裂的。党的十八届三中全会通过的《中共中央关于全面深化改革若干重大问题的决定》就提出，公有制为主体、多种所有制经济共同发展的基本经济制度，是中国特色社会主义制度的重要支柱，也是社会主义市场经济体制的根基。必须毫不动摇巩固和发展公有制经济，坚持公有制主体地位，发挥国有经济主导作

用，不断增强国有经济活力、控制力、影响力。必须毫不动摇鼓励、支持、引导非公有制经济发展，激发非公有制经济活力和创造力。①

2. 公有制经济依然占据主体地位

我国经济体制改革的目的是完善社会主义制度，而不是颠覆或者取消社会主义制度，所以，所有制结构的调整也是以完善社会主义制度为前提和目的的。我国的社会主义性质是由生产资料的社会主义公有制决定的，只有坚持公有制经济的主体地位，才能坚持社会主义制度，丧失了公有制经济的主体地位，社会主义制度也将名存实亡。②因此，我国所有制结构的调整和完善必须毫不动摇地坚持公有制经济的主体地位。虽然与改革初期相比，战略调整阶段（1997—2012）我国公有制经济在国民经济中的比重有所下降，但与以前注重公有制经济量上的优势相比，现在更注重质的提升，公有制经济在国民经济中的主体地位并没有改变。

首先，公有资产的数量远远大于其他经济成分所拥有的资产数量，国有资产和集体资产在我国社会总资产中所占的比重在70%以上，具有明显优势。③其次，国有经济在国民经济中发挥着主导作用，对国民经济具有重要的影响力。同时，国有经济还控制着国民经济的命脉，特别是在关系国计民生和国家安全的重要行业和领域，国有经济依然处于控制地位，而且这种控制力在不断增强。

3. 非公有制经济④迅猛发展

1997年党的十五大后，特别是党的十六大以来，对非公有制经济的认识不断创新，明确了非公有制经济是社会主义市场经济的重要

---

① 新华网. 中共中央关于全面深化改革若干重大问题的决定[EB/OL]. http://news.xinhuanet.com/mrdx/2013-11/16/c_132892941.htm.
② 唐未兵. 中国转轨时期所有制结构演进的制度分析[M]. 北京：经济科学出版社，2004：215-216.
③ 李楠. 中国现阶段所有制结构及其演变的理论与实证研究[M]. 武汉：武汉大学出版社，2008：112.
④ 包括内资非公有制经济和外资经济。

组成部分，提出了"两个毫不动摇"和"一个统一"的基本方针，初步确立了非公有制经济的法律地位，基本构成了非公有制经济发展的政策体系框架。① 这些促进非公有制经济发展的理论、方针、政策，为战略调整阶段（1997—2012）非公有制经济的迅猛发展铺平了道路。

以工业为例，1998—2011 年，国有及国有控股工业企业总产值占规模以上工业企业总产值的比重从 49.6% 下降到 26.2%，私营工业企业总产值占规模以上工业企业总产值的比重从 3.1% 迅猛上升到 29.9%，外资工业企业②总产值占规模以上工业企业总产值的比重则基本维持在 30% 左右，形成了国有、私营、外资"三分天下"的局面（如图 2—2 所示）。③

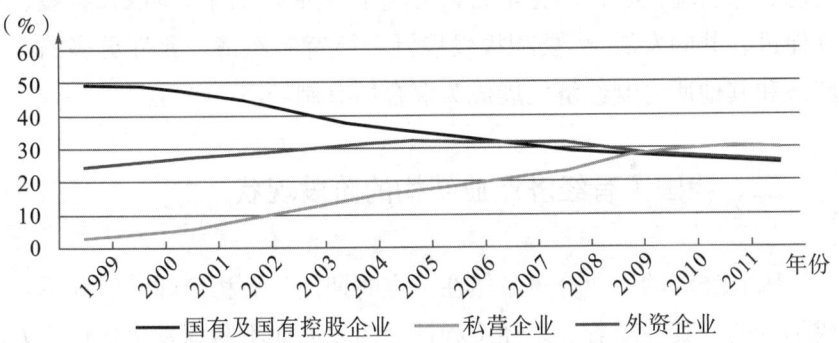

图 2—2　1998—2011 年全国不同所有制工业企业总产值占比变化情况

实践证明，非公有制经济的发展并没有削弱公有制经济的主体地位，公有制经济反而在其竞争压力下，不断进行机制转化和制度创新，焕发出新的生机和活力。

4. 混合所有制经济较快发展

混合所有制经济以所有制结构多元化为前提，通过各类性质的产

---

① 中国经济年鉴社. 中国经济年鉴［M］. 北京：经济管理出版社，2007：878—879.
② 包括外商投资和港澳台商投资工业企业。
③ 资料来源：根据《中国统计年鉴》1999—2012 年相关数据整理计算。由于统计口径发生变化，与 1998 年之前的数据不具备可比性。

权在市场中以多种形式自主流动和重组形成,并适应市场竞争需要不断改变其资本结构。自 1997 年党的十五大报告第一次提出混合所有制以后,党的十六大和十七大都再次强调了要发展混合所有制经济,指出除极少数必须由国家独资经营的企业外,要积极推行股份制,发展国有资本、集体资本和非公有资本等参股的混合所有制经济。多种所有制成分并存、共同发展和所有制实现形式多样化的现实,促进了以股份制和股份合作制为代表的混合所有制经济的较快发展。①

2013 年,党的十八届三中全会再次为混合所有制经济的发展指明了方向。《中共中央关于全面深化改革若干重大问题的决定》就指出,国有资本、集体资本、非公有资本等交叉持股、相互融合的混合所有制经济,是基本经济制度的重要实现形式,有利于国有资本放大功能、保值增值、提高竞争力,有利于各种所有制资本取长补短、相互促进、共同发展。② 要积极发展混合所有制经济,允许更多的国有经济和其他所有制经济发展成为混合所有制经济。

二、我国国有经济产业结构的阶段现状

国有经济的产业分布虽然在一定时期内具有稳定性,但并不是一成不变的,其会随着一国经济和社会的发展而不断地发生变化,如国有企业的私有化和私有企业的国有化就是这一变动的典型表现。认清战略调整阶段(1997—2012)我国国有经济产业结构的阶段现状有助于分析其中存在的问题,找出对于新时代国有经济产业结构优化的政策启示。

(一)国有经济产业分布变化的影响因素

总体来讲,引起国有经济产业分布变化的因素包括产业性质的变

---

① 唐未兵. 中国转轨时期所有制结构演进的制度分析 [M]. 北京:经济科学出版社,2004:207.

② 新华网. 中共中央关于全面深化改革若干重大问题的决定 [EB/OL]. http://news.xinhuanet.com/mrdx/2013-11/16/c_132892941.htm.

化、产业结构的变化、国家经济目标的变化和国有企业优势的变化。①

1. 产业性质的变化

技术进步是产业性质发生变化的决定性因素。技术进步会改变产业的生产技术特点、垄断程度、规模经济和外部经济效应的大小等，这也就意味着产业的性质发生了变化，从而导致行业的垄断性、集中程度和资金、技术、风险等进入障碍弱化，使原有适合国有经济大规模参与的行业的市场竞争性得到强化，为国有经济退出这一行业提供了可能性甚至是必然性，最终表现为国有经济的产业分布发生变化。

垄断通常是资源短缺或者技术自身的限制造成的。由于某些资源在一定的技术条件下只能提供给部分企业而不是由任意企业占有和使用，从而形成垄断。这种由于技术因素所形成的自然垄断或者寡头垄断，会随着技术的进步使原来维持垄断的资源限制条件弱化，甚至消失。

由于替代品或潜在竞争的产生，原来的自然垄断或寡头垄断的产业变成竞争产业，从而导致行业集中程度的变化。随着技术的进步，各种产品和服务之间的区别会越来越不明显，也就意味着它们之间被相互替代的可能性会越来越大。

资金、技术、风险等因素也一度被认为是阻碍私人企业进入某些产业的限制条件，特别是对于一些高新技术产业，只有国有经济有能力或愿意进入。但随着技术的进步，进入特定产业的成本和风险都会大大降低，构成进入壁垒的因素也会逐渐消失，产业的竞争性进一步提升。

2. 产业结构的变化

一国产业结构的变化也会引起其国有经济产业分布的变化。以第二产业为例，纵观世界经济史，西方国家国有经济在第二产业的分布

---

① 伍柏麟，席春迎. 西方国有经济研究 [M]. 北京：高等教育出版社，1997：141–142.

变化是最大的,其原因就在于第二产业本身结构变动就比较剧烈。第二产业剧烈变动的过程也就是工业化的过程,一般来说,典型的工业化过程可以表现为四个阶段:以轻纺工业为主导的阶段、以基础工业为重心的重化工业阶段、以轻度加工组装型重化工业为主导的阶段、以高度加工组装型工业为主导的阶段。①

工业化进程中的国有经济作为带动一国经济发展的重要工具和媒介,当第二产业中的主导产业发生上述四阶段的变化时,其也只有随着主导产业的变化而不断地调整自身的产业分布,甚至还要保持适度的超前性和预见性,才能实现政府一系列政策和措施的意图和效果。

3. 国家经济目标的变化

国有经济和国有企业是一国实施其政治经济政策和主张的重要途径,其最大的特点就是极度依附于政府政治经济目标的制定和实施。当国家的经济目标发生变化的时候,国有经济的产业分布也会随之发生变化。在一国不同的发展时期,其经济发展目标和产业发展目标是大不相同的,这就会导致国家在投资方向和重点上有意识的转移,从而使国有经济的产业分布发生变化。甚至当国家的政策意图已经实现的时候,某些产业或领域的国有经济这一所有制组织形式也有可能消失。例如,西方国家国有经济最初的重要目的之一便是弥补私人投资的不足,但是随着私人资本的逐渐壮大,国有经济的这一目的也已基本达成,因此国有经济开始从某些部门退出。

4. 国有企业优势的变化

无论是国有企业还是私人企业在不同方面都有自己的相对优势,特别是随着所在产业不断由幼小发展到成熟,国有企业和私人企业之间的相对优势也会发生变化,最直接的结果就是导致两类企业产生不同的经营成本。当国有企业已有的比较优势消失的时候,也就意味着在这一产业它有可能会被私人企业取代,从而退出这一部门。

---

① 苏东水. 产业经济学[M]. 北京:高等教育出版社,2005:181-182.

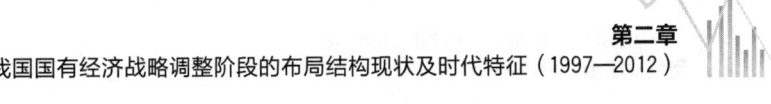

一般来讲，在一个产业的发展初期，国有企业的经营具有明显的优势，原因在于处在初期的产业大多对技术的要求高，并且需要投入大量的资金，而利润率并不高，但这些产业通常都具有很高的社会效益，并对国家今后的发展至关重要。随着产业的不断发展成熟，规模效应和范围效应开始显现，此时所需的技术和资金门槛都会大大降低，私人企业开始进入这些产业，加之私人企业相较于国有企业在效率上的天然优势，此时私人企业便会逐渐在经营中占据相对优势，国有企业则由于优势的消失而开始从这些产业和领域退出，从而表现为国有经济产业分布的变化。

（二）我国国有经济产业分布的阶段现状

从2004—2011年非金融类国有企业国有资产总量的行业分布情况来看，工业一直都是我国国有经济的主要布局行业，而交通运输业、邮电通讯业、社会服务业等行业的国有资产总量占比也较高（如图2-4所示）。从2011年年末的情况看，全国国有资产总量的56.8%分布在基础性行业，12.5%分布在一般生产加工业，30.7%分布在商贸服务及其他行业（如图2-3所示）。[①] 从工业部门内部来看，国有经济又主要分布在石油和石化工业、电力工业、冶金工业、机械工业、煤炭工业等部门，其中石油和石化工业国有资产总量的占比最高，而在一般竞争性部门，国有资产总量的占比较低，如森林工业、纺织工业、食品工业等（见表2-5）。比较特殊的是烟草工业，虽然其国有资产总量在全国国有企业中占比不高，但在烟草行业中国有经济的比重却很高，这主要是由行业性质决定的，其相对于石油和石化工业、电力工业等对资产的占用率并不高。

---

① 资料来源：《中国国有资产监督管理年鉴》2012年。

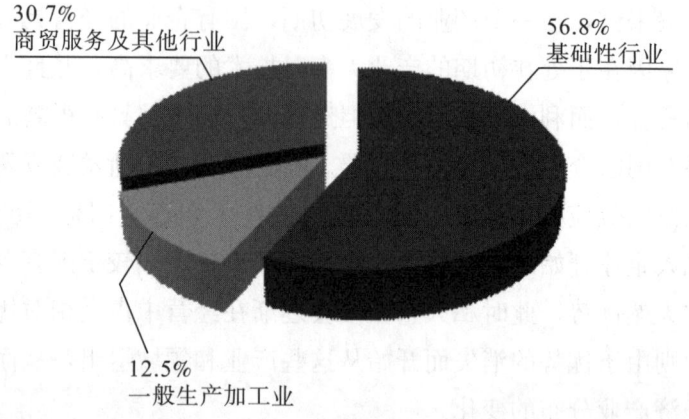

图2-3 按行业性质分2011年非金融类国有企业国有资产总量分布情况

总体来看,工业、社会服务业、交通运输业、邮电通讯业是我国国有资产的主要分布行业,以2011年为例,以上四个行业集中了全国国有资产总量的近80%的份额(如图2-4所示)[①];而对于一些竞争属性较强的行业,国有资产的分布则逐渐下降,如工业部门中的森林工业、纺织工业、食品工业,三个行业2011年只占据了全国国有资产总量的0.3%,特别是森林工业,几乎可以忽略不计。这些国有经济的产业分布现状都基本符合工业化中期阶段的国有经济产业分布特征。随着工业化进程的推进,在新时代我国国有经济战略性调整的产业选择中,国有资本应该更多地向国防军工、基础设施和基础工业、公共服务、金融等关系国家安全和国民经济命脉的重要行业和关键领域布局,而对于其他市场竞争属性强、国有经济已经失去市场竞争优势和能力的行业和领域,国有资产则要充分尊重市场规则,实现合理退出和流动。

---

① 资料来源:根据《中国国有资产监督管理年鉴》2012年相关数据整理计算。

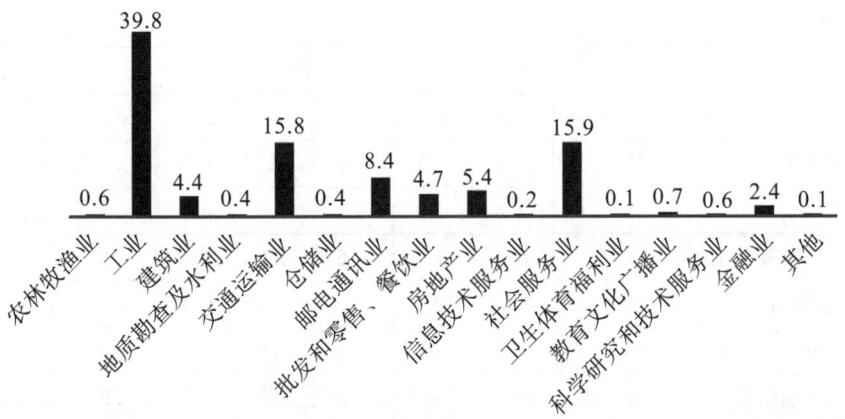

图 2-4 2011年各行业国有企业国有资产总量分布情况（%）

表 2-5 2004—2011年各行业非金融类国有企业国有资产总量分布情况

单位：%

行业	年份							
	2004	2005	2006	2007	2008	2009	2010	2011
农林牧渔业	1.4	1.5	1.1	1.1	1.0	0.9	0.6	0.6
工业	46.2	46.3	45.5	48.6	49.0	46.7	38.1	40.8
煤炭工业	3.0	3.1	3.0	3.7	4.3	4.6	3.9	3.7
石油和石化工业	12.1	13.0	13.6	13.7	13.8	12.6	9.5	10.6
冶金工业	5.8	5.6	5.7	7.0	6.6	5.8	5.5	5.1
建材工业	0.5	0.4	0.4	0.3	0.3	0.2	0.6	0.7
化学工业	1.6	1.5	1.4	1.1	1.2	1.0	1.2	1.3
森林工业	0.0	0.0	0.0	0.0	0.0	0.0	0.0	0.0
食品工业	0.3	0.2	0.2	0.1	0.2	0.1	0.2	0.2
烟草工业	2.3	2.4	1.9	4.5	4.8	4.8	1.4	2.3
纺织工业	0.5	0.3	0.2	0.3	0.2	0.2	0.1	0.1
医药工业	0.4	0.3	0.2	0.2	0.2	0.2	0.2	0.3
机械工业	3.3	2.9	2.8	2.5	2.3	2.5	3.1	3.9
电子工业	0.8	0.7	0.6	0.6	0.5	0.5	0.7	0.6
电力工业	11.0	11.1	10.3	10.2	9.7	9.3	8.3	8.2
市政公用工业	1.7	1.7	1.7	1.3	1.4	1.4	1.0	1.4

续表2—5

行业	年份							
	2004	2005	2006	2007	2008	2009	2010	2011
其他工业	1.2	1.1	1.1	0.7	0.7	0.6	0.7	1.0
建筑业	2.6	2.6	2.9	3.4	4.3	4.9	3.8	4.5
地质勘查及水利业	0.6	0.6	0.5	0.6	0.7	0.6	0.5	0.4
交通运输业	14.0	14.1	13.8	13.4	13.8	14.2	16.8	16.2
仓储业	0.7	0.7	0.7	0.5	0.5	0.5	0.3	0.4
邮电通讯业	11.2	10.5	10.7	9.3	8.2	7.1	8.9	8.6
批发和零售、餐饮业	5.7	5.4	6.5	4.0	3.7	3.9	6.2	4.9
房地产业	2.7	2.9	3.7	3.6	4.9	4.8	5.5	5.5
信息技术服务业	0.2	0.2	0.2	0.2	0.1	0.1	0.3	0.2
社会服务业	11.1	12.8	11.9	12.3	11.4	13.8	15.8	16.3
卫生体育福利业	0.1	0.1	0.1	0.1	0.1	0.1	0.1	0.1
教育文化广播业	1.3	1.3	1.2	1.3	1.3	1.2	0.8	0.8
科学研究和技术服务业	0.3	0.5	0.4	0.4	0.4	0.4	0.6	0.7
机关社团及其他	1.8	0.6	0.6	1.2	0.8	0.9	1.9	0.1

注：1. 2010年和2011年数据根据未全国合并的国有资产总量计算，跟之前年份的数据存在一定的差异。

2. 由于四舍五入可能出现总和不等于100%的情况。

3. 不同年份的部分行业名称有所变化，以最新最接近原则比对。

资料来源：根据《中国国有资产监督管理年鉴》2005—2012年相关数据整理计算。

三、我国国有经济空间结构的阶段现状

我国国土面积大，幅员广阔，东部、中部、西部和东北地区四大区域间的差异十分明显，从我国区域经济发展史来看，四大区域的经济发展本身就由于彼此之间存在着巨大的差异而一直处于不平衡状态。同样，作为区域经济的重要组成和主导的国有经济，其空间结构的不平衡性也十分明显，虽然近年来国有经济的空间结构随着我国区域经济的非均衡协调布局战略的实施处于不断合理化的进程中，但问

题依然十分突出。因此，分析我国国有经济空间结构的现状，对于明确新时代国有经济战略性调整中空间布局的政策启示具有重要意义。

（一）国有经济空间结构的表现形式和整合方式

国有经济空间结构的表现形式和整合方式都是本书讨论新时代我国国有经济战略性调整的空间结构时所要涉及的重要内容，二者联系紧密但又相互区别。就国有经济空间结构的表现形式来讲，主要表现为区域总量结构和区域产业结构；国有经济空间结构的整合方式则主要是就国有经济的空间布局而言。

1. 国有经济空间结构的表现形式

在分析国有经济空间结构的表现形式之前，首先需要对区域进行定义，这里的区域很显然是经济学当中的经济区域的概念。一般来讲，经济区域按照其空间层次可以分为跨国家的区域、国家级的区域和亚国家的区域，我们所界定的区域是亚国家的区域，即在一个国家内根据地域构成要素和社会化分工的差异所划分的具有不同功能的地区。

区域总量结构包括两方面的内容：一是区域内国有经济占国民经济的比重，二是国有资产总量在不同区域间的分布状况。

区域产业结构包含在区域经济结构的概念之中，区域经济结构包括区域产业结构、区域分配结构、区域交换结构、区域消费结构、区域技术结构等方面，但区域产业结构是区域经济结构的主题和核心内容。[1] 区域产业结构一般是指区域内不同产业部门之间的数量比例及质的关系，通常是通过产值比例和就业人数比例来表现的。区域产业结构相较于全国产业结构来讲往往具有一定的特色，如不具备一国国民经济的所有部门、一般有若干个在全国具有专业化分工优势的产业部门、不同区域之间的产业结构存在差异等。[2] 国有经济的区域产业

---

[1] 杜肯堂，戴士根. 区域经济管理学 [M]. 北京：高等教育出版社，2004：59—60.
[2] 苏东水. 产业经济学 [M]. 北京：高等教育出版社，2005：245.

结构表现为国有经济在区域内不同产业间的数量比例及质的关系，是国有经济产业结构在特定区域的重现，也是分析国有经济战略性调整中空间结构整合的主要内容和核心。

区域产业结构同样也涉及优化升级的问题，就我国国有经济战略调整阶段（1997—2012）的国情来讲，跟全国产业结构的优化一样，区域经济中的国有经济成分仍然是推动区域产业结构优化升级的重要力量。国有经济的空间布局需要与区域产业结构的优化相结合，从而促进区域分工和合作以及区域经济的协调发展和可持续发展。

2. 国有经济空间结构的整合方式

国有经济空间布局是指国有经济各部门和各环节在特定经济区域内和不同经济区域之间的动态组合分布和空间分布状态，这是国有经济空间结构的整合方式。国有经济空间布局同样也具有空间层次，在不同区域之间的空间布局是全国性的国有经济空间布局，表现为国有经济在一国的不同区域之间规模和大小的不同分布，考察的是全国范围内不同区域间国有经济的空间联系；在特定区域内的空间布局是地区性的国有经济空间布局，表现为不同区域之间国有经济产业结构的差异，考察的是特定区域在某一发展阶段其内部国有经济的产业组合。

很显然，决定国有经济空间布局的一系列经济和社会条件同样也决定了一定的区域产业结构，而一个区域实现经济增长的重要途径之一便是不断地进行区域产业结构的调整，从而推动产业结构的优化升级。在这个过程之中，就像前面所分析的，国有经济又会发挥至关重要的作用，国有经济的空间布局可以通过调整国有资源在不同区域之间的规模、大小、分布以及在特定区域内的不同产业之间的比重来影响和推动区域产业结构的优化升级。

（二）我国国有经济空间布局的阶段现状

从2004—2011年东部、中部、西部和东北地区的地方国有企业国有资产总量的分布来看，东部地区国有资产总量占全国的比重由

2004年的59.0%下降到2011年的54.4%，呈波动下降趋势；中部地区国有资产总量占全国的比重则是先从2004年开始缓慢下降，2008年后又缓慢上升，表明2006年之后中部地区崛起战略的实质性实施效果已经开始显现；西部地区国有资产总量占全国的比重上升最为明显，从2004年的19.0%上升至2011年的25.9%，上升了6.9个百分点，表明西部大开发战略实施的十年间，国有资本向西部地区的投资倾斜十分显著；东北地区则是由于从2004年开始实施老工业基地振兴战略，大批老国有企业开始进行整合和改制，其国有资产总量占全国的比重从2004年的6.8%下降到2011年的4.4%[1]（见图2-5、表2-6）。

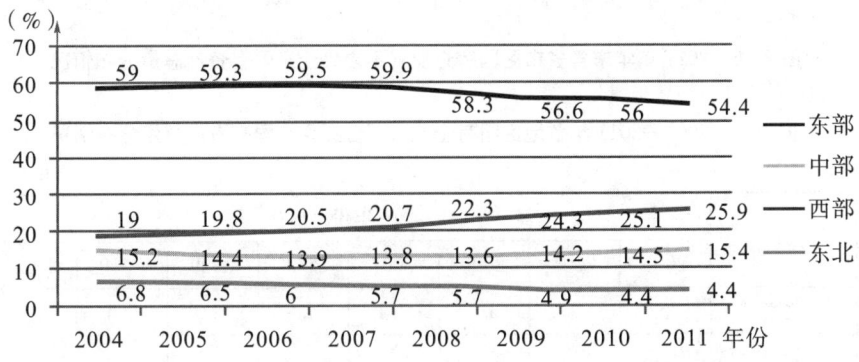

图2-5　2004—2011年各地区国有企业（不含央企）国有资产总量分布情况

总体来看，东部地区各省市区在国有资产总量的分布上占有绝对优势，以2011年为例，国有资产总量位居前四位的省市均属于东部地区，其所占有的国有资产总量超过了全国总量的34%（如图2-6所示）。[2] 而西部和东北地区是我国的老工业基地，传统国有企业比重较高，非公有制经济发展相对滞后，经济活跃度和发展水平相对较低，国有经济在全国虽占比不高，却在当地经济中具有更为重要的影响力。西部地区快速增长的国有资产总量一方面代表了国家对西部地区投资的倾斜，另一方面又面临着如何保值增值和带动当地其他经济

---

[1]　资料来源：根据《中国国有资产监督管理年鉴》2005—2012年相关数据整理计算。
[2]　资料来源：根据《中国国有资产监督管理年鉴》2012年相关数据整理计算。

成分共同发展的问题;东北地区同样面临着在国有资产数量整合的情况下如何保值增值和带动当地其他所有制形式共同发展的问题,因此新时代我国国有经济战略性调整的重点应该是在西部和东北地区。

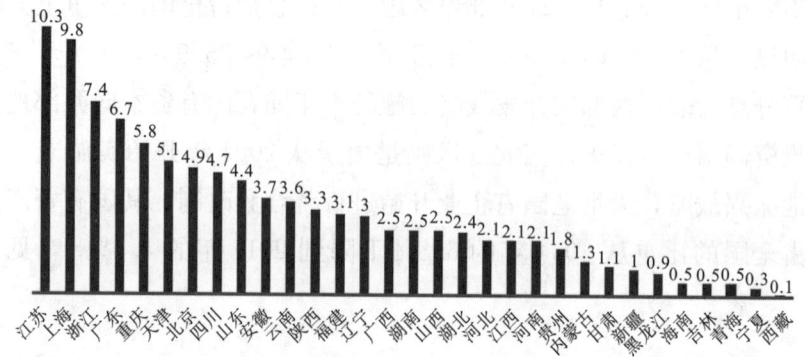

图 2—6　2011 年年末各省市区国有企业(不含央企)国有资产总量分布情况

表 2—6　2004—2011 年各地区国有企业(不含央企)国有资产总量分布情况

单位:%

地区	年份							
	2004	2005	2006	2007	2008	2009	2010	2011
北京	7.2	7.2	6.7	7.1	6.8	6.0	5.4	4.9
天津	4.5	4.7	5.2	5.5	5.3	5.5	6.4	5.1
河北	3.1	2.7	2.7	2.7	2.5	2.5	2.3	2.1
上海	13.0	12.2	12.0	11.9	10.8	10.4	9.4	9.8
浙江	6.0	6.3	7.1	7.3	7.3	7.2	7.0	7.4
江苏	5.3	6.5	6.6	7.3	8.3	8.4	10.0	10.3
福建	3.4	3.3	3.4	3.2	3.4	3.1	3.1	3.1
山东	5.3	5.1	5.1	5.2	4.8	4.8	4.5	4.4
广东	10.7	10.9	10.1	9.3	8.8	8.4	7.4	6.7
海南	0.4	0.5	0.5	0.4	0.4	0.4	0.5	0.5
东部地区小计	59.0	59.3	59.5	59.9	58.3	56.6	56.0	54.4
山西	3.3	3.3	3.2	3.2	3.1	3.0	2.8	2.5
安徽	2.7	2.7	2.9	3.0	3.3	3.6	3.5	3.7
江西	1.4	1.3	1.2	1.3	1.3	1.4	1.8	2.1

续表2-6

地区	年份							
	2004	2005	2006	2007	2008	2009	2010	2011
河南	3.6	3.5	3.1	3.2	2.7	2.5	2.4	2.1
湖北	1.8	1.6	1.6	1.4	1.3	1.6	1.8	2.4
湖南	2.3	1.9	2.0	1.8	1.8	2.1	2.2	2.5
中部地区小计	15.2	14.4	13.9	13.8	13.6	14.2	14.5	15.4
内蒙古	1.1	1.4	1.4	1.4	1.3	1.2	1.4	1.3
广西	2.7	2.7	2.5	2.3	2.9	2.5	2.6	2.5
贵州	1.7	1.6	1.6	1.5	1.4	1.5	1.3	1.8
四川	3.5	3.3	3.6	3.5	3.9	4.6	4.9	4.7
重庆	2.7	3.1	3.3	3.8	4.3	4.5	5.3	5.8
云南	2.1	2.2	2.4	2.7	2.4	4.1	3.7	3.6
陕西	2.2	2.3	2.9	2.6	3.3	3.1	3.0	3.3
甘肃	1.2	1.2	1.0	1.3	1.1	1.1	1.2	1.1
青海	0.3	0.2	0.3	0.5	0.5	0.4	0.4	0.5
西藏	0.3	0.3	0.2	0.3	0.2	0.2	0.1	0.1
宁夏	0.4	0.5	0.3	0.2	0.3	0.3	0.4	0.3
新疆	0.8	0.9	0.9	0.5	0.7	0.7	0.8	1.0
西部地区小计	19.0	19.8	20.5	20.7	22.3	24.3	25.1	25.9
辽宁	3.9	3.8	3.8	3.7	4.0	3.1	3.1	3.0
吉林	1.3	1.2	0.8	0.8	0.8	0.8	0.6	0.5
黑龙江	1.6	1.6	1.4	1.2	1.0	1.0	0.7	0.9
东北地区小计	6.8	6.5	6.0	5.7	5.8	4.9	4.4	4.4

注：1. 东部地区包括北京、天津、河北、上海、江苏、浙江、福建、山东、广东、海南10省市；中部地区包括河南、湖北、湖南、山西、安徽、江西6省；西部地区包括重庆、四川、贵州、云南、西藏、陕西、甘肃、青海、宁夏、新疆、内蒙古、广西12省区市；东北地区包括辽宁、吉林、黑龙江3省；下同。

2. 由于四舍五入可能出现总和不等于100%的情况。

资料来源：根据《中国国有资产监督管理年鉴》2005—2012年相关数据整理计算。

四、我国国有经济微观基础的阶段现状

国有企业既是国有经济的微观表现形式，也是国有经济的主要实现形式之一，更是我国国有经济战略性调整的基础。伴随着新中国的成立，我国的国有企业也开始正式建立并不断发展，国有企业一直是巩固和支撑社会主义事业发展的重要基石。

（一）国有企业的目标及定位

1. 国有企业的目标

正是由于国有企业与私人企业在目标上的差异性，而又与政府机构存在目标上的一致性，这就意味着国有企业的目标是具有复杂性和多元性的。而国有企业的这种复杂性和多元性的目标也就决定了在不同的历史时期和经济发展阶段国有企业的定位也是迥异的。

企业目标是一个企业在未来一段时间内所要达到的预期状态，不同性质的企业其目标不同，甚至同一企业在不同时期的目标也是迥异的。[①] 如前所述，国有企业目标的复杂性和多元性也就意味着在不同的国家、不同的时期、不同的产业的国有企业的目标都是存在差异的，但国有企业的目标大体上可以分为两大类：利润目标和社会目标。

国有企业拥有最基本的"企业"属性，因此在市场上提供产品和服务以追求利润应该是国有企业的首要目标。但这并不意味着国有企业同私人企业一样将利润目标作为唯一的目标，国有企业在追求利润的同时同样也不会忽视社会目标。国家作为国有企业的所有者，将会通过直接或间接的手段对国有企业进行影响甚至控制。这就使得在国有企业的目标中又会包括为宏观政策和社会总体利益服务的社会目标，如维护经济社会稳定、促进经济增长、控制战略性资源和重要产

---

① 朱方明，姚树荣等. 企业经济学 [M]. 北京：经济科学出版社，2009：21-22.

业等。

2. 国有经济战略性调整中国有企业的阶段定位

国有企业目标的复杂性、多元性决定了在我国国有经济战略性调整中国有企业需要有一个既符合我国当前国情，又符合我国经济发展的阶段特征，还符合国有经济战略性调整原则和要求的阶段定位。具体来看，其定位至少应强调以下几个方面：

一是打造资产证券化的国有企业，实现产权结构的多元化，强化国有资产的流动性；二是打造企业公司化的国有企业，完善现代企业制度，搞活国有资本的股权投资；三是打造治理规范化的国有企业，建立有效的公司治理结构，制衡公司权力；四是打造经理市场化的国有企业，加快国有企业的管理层建设，促进专业人才的集聚；五是打造运营现代化的国有企业，组建大型企业集团，转变企业的经营方式；六是打造监管社会化的国有企业，创新企业管理机制，有效约束国有企业行为。

我国国有经济战略性调整中国有企业的定位确立和打造的过程，也是继续深化国有企业改革的过程。

（二）我国国有企业改革的阶段现状

从1984年十二届三中全会发布《中共中央关于经济体制改革的决定》开始，国有企业改革一直被视为我国经济体制改革的中心环节和主要任务，此后我国经济社会的发展和经济体制改革的推进都与国有企业改革紧密地联系在了一起。

1. 国有企业改革的历程及成就

从国有企业改革的阶段上看，从改革开放到党的十八大前，国有企业改革已经历时30余年。前面梳理国有经济的发展历程时已经提到，1978年12月，随着十一届三中全会的召开，我国一方面按照"调整、改革、整顿、提高"的八字方针继续进行国民经济的调整工作；另一方面开始实行改革开放政策，国有经济也随之进入改革发展时期。根据我国国有经济的改革进程，改革开放后国有企业的改革大体可分为三个时期：国有企业放权让利的改革时期、国有企业"两权分离"的改革时期、国有企业建立现代企业制度的改革时期。

而从国有企业改革的内容上看，无非经历了管理体制的改革、经营机制的改革和产权制度的改革。① 这三类改革虽然内容和侧重点各不相同，但都以提高国有企业经济效益为主要目标，并且都是适应社会主义市场经济规律和要求的，为我国后来所进行的国有经济布局和结构调整以及战略性调整提供了经验，并且也为非公有制经济的发展提供了一定的空间。

总体来看，我国国有企业改革取得了历史性的成就，特别是国有企业产权改革推动了经济改革的稳步发展。首先，国有企业改革完善了以公有制为基础的社会主义经济理论，从"松绑放权""承包制""产权制度改革"到"股份制改造"，突破了传统公有制理论的束缚；其次，国有企业改革找到了公有制与市场经济体制的最佳结合方式，使公有制与市场经济体制在所有制结构、利益主体、资本结构、责任主体、激励结构上实现了有效接轨；最后，国有企业改革推进了现代企业制度的建立，推动了国有企业公司治理结构的完善。②

2. 战略调整阶段（1997—2012）国有企业改革面临的困难和问题

国有企业改革的进行突破了原有计划经济的体制机制约束，为国有企业进一步适应市场经济的发展打下了基础。但毕竟国有企业改革还处于继续深化的过程之中，还在变化，因此，面对新时期、新形势，加之之前的改革所遗留的顽固性问题，战略调整阶段（1997—2012）我国国有企业的发展面临巨大的困难和问题。

首先，政企关系上还有待进一步理顺。经过30余年的改革和发展，我国国有企业与政府之间的关系已不再是原来纯粹的上下级关

---

① 杨卫东. 国企工具论［M］. 武汉：武汉大学出版社，2012：159-165.
② 焦方义，杨其滨. 产权流动与资本重组问题研究［M］. 北京：经济科学出版社，2012：68-72.

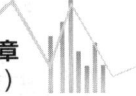

第二章 我国国有经济战略调整阶段的布局结构现状及时代特征(1997—2012)

系,进入 21 世纪后,我国的政府机构也经历了几次撤并和职能调整,但政府部门依然通过行政审批制度和人事任免等在一定程度上影响着企业的经营活动。特别是国资委的定位还有待进一步明确,真正意义上的国有资产的出资人制度还未完全形成,国有资产管理部门对国有企业经营者和管理层的"官员化"管理模式依然存在,对国有企业的人权、财权、物权干预过多,这些状况都妨碍了国有企业的制度创新和经营机制的进一步转换,也束缚了国有企业改革的深入推进。[①]

其次,产权结构还需进一步完善。虽然我国国有企业通过建立现代企业制度的实践,已经展现出全新的发展态势,并在建立现代企业制度方面取得了较为显著的成绩,但是,国有企业在产权结构调整方面始终未能取得较为明显的突破,产权所有者主体缺位、产权关系模糊、产权结构单一、产权流动不畅、产权条块分割等问题始终困扰着未来国有企业的发展和国有经济战略性调整的推进。

最后,国有企业改革效果的地区差别还较大。无论是东部沿海地区与中西部内陆地区之间,还是新兴城市和老工业基地之间,国有企业改革效果的地区差异是十分明显的,中西部欠发达地区与东部发达地区相比,当地经济对国有企业的依赖程度依然很高。以工业总产值为例,西部 12 省区市只有四川省国有及国有控股工业企业总产值占当地规模以上工业企业总产值的比重低于全国水平,且占比最高的前六位都为西部省区(见表 2—7)。此外,中西部地区相当比重的国有企业都属于资源产业、重化工业和军工工业,并且具有比东部地区更高的区域集中度,国有企业改革进程中的所有制障碍、观念障碍、条块管理体制障碍也就十分突出。[②] 究其原因,主要是这些地方在市场机制的完善程度、资本的充裕程度、产业结构的优化程度、非公经济的发展程度等方面都与东部发达地区存在着十分明显的外部环境差距,从而在很大程度上影响了国有企业改革的各项措施的效果。其根本原因还在于欠发达地区国有企业承担的社会成本短时间内还很难被

[①] 刘泉红. 国有企业改革:路径设计和整体推进 [M]. 北京:社会科学文献出版社,2012:11—12.

[②] 白永秀. 后改革时代西部国有企业发展战略研究 [M]. 北京:科学出版社,2012:83.

当地不发达的其他经济成分吸收、取代。因此，在深入推进国有企业改革的过程中，处理好中西部等欠发达地区国有企业的改革障碍就显得十分迫切。

表2—7 2011年全国各省区市规模以上和国有及国有控股工业企业总产值情况

地区	规模以上工业企业总产值（亿元）	固有及国有控股工业企业总产值（亿元）	国有及国有控股工业企业总产值占比（%）
全国	844268.79	221036.25	26.18
甘肃	6175.24	4923.92	79.74
新疆	6720.85	4925.74	73.29
西藏	74.85	47.50	63.46
陕西	14283.48	8797.96	61.60
青海	1893.54	1104.20	58.31
云南	7780.83	4416.64	56.76
北京	14513.63	8176.38	56.34
黑龙江	11514.56	6483.92	56.31
贵州	5519.96	2940.90	53.28
山西	16013.83	8207.82	51.25
宁夏	2491.44	1276.73	51.24
吉林	16917.61	7007.86	41.42
天津	20862.74	8345.35	40.00
上海	32445.15	12256.44	37.78
湖北	28073.07	10512.22	37.45
内蒙古	17774.82	6116.42	34.41
广西	12836.57	4397.05	34.25
重庆	11847.06	3899.05	32.91
安徽	25875.87	8378.91	32.38
辽宁	41776.73	12420.83	29.73
河北	39698.80	10702.93	26.96

续表2-7

地区	规模以上工业企业总产值（亿元）	固有及国有控股工业企业总产值（亿元）	国有及国有控股工业企业总产值占比（%）
四川	30485.09	7759.56	25.45
湖南	26386.58	6705.87	25.41
江西	17949.38	4146.96	23.10
河南	46856.14	10311.32	22.01
海南	1600.13	320.63	20.04
山东	99504.98	19453.71	19.55
广东	94860.79	13916.37	14.67
浙江	56410.48	8133.34	14.42
福建	27443.90	3229.13	11.77
江苏	107680.68	11720.59	10.88

资料来源：根据《中国统计年鉴》2012年相关数据整理计算。

总之，结合我国国有经济战略性调整中国有企业的新定位，继续推进国有经济战略性调整中企业组织结构的再造，是国有经济战略调整阶段（1997—2012）及今后一段时期我国继续深化国有企业改革的重要任务。

第三节 我国国有经济战略调整阶段的时代特征（1997—2012）

1997—2012年的这15年间，特别是自2008年源自美国的金融危机席卷全球而导致全球性经济危机以来，世界经济格局发生了新的变化。可以说从2008年开始，中国进入了一个加快转变经济发展方式和全面深化经济体制改革的时期，呈现出不同以往的时代特点和时代挑战。

一、国有经济战略调整阶段的时代特点

首先,我国已经成为世界第二大经济体,发达国家对我国的发展"爱恨交加"。2010年我国 GDP 首次超过日本成为继美国之后的世界第二大经济体①,这一方面意味着在发达国家普遍经济增长疲软的情况下,中国市场对于拉动世界经济增长的贡献度不断加大;另一方面也使得一度被国际舆论炒作的"中国经济威胁论"再度甚嚣尘上,发达国家对中国的发展可谓"爱恨交加"。

其次,世界主要经济体对全球资源和市场的争夺日趋激烈,金融、科技、资源和环境领域的争战不断加剧。纵观人类社会发展史,对于资源和市场的争夺几乎从未停止,并一度成为历次大战爆发的诱因之一。而今,随着各国经济发展对资源和市场的依赖程度的不断提高,全球范围内的资源和市场争夺战日益频繁,并将从传统的矿产资源领域向其他资源领域和金融、科技、环境等方面扩展。

再次,我国在经济快速发展的同时,传统经济增长方式面临严峻挑战。内需不足,对出口和投资的高度依赖,结构性矛盾导致的产能过剩与供给不足并存,高消耗、高排放、低效益导致的资源环境压力不断加大,增长、就业与通胀间的"跷跷板效应"日益显现,这些问题意味着传统的经济增长方式已不能适应我国当前经济的快速发展,经济发展方式亟待转变。

最后,我国社会主义市场经济体制虽然已经建立,但在某些领域和环节还不够完善。社会主义市场经济体制虽然在我国已经建立,并且在资源配置中发挥着决定性作用,但经济发展中不平衡、不协调、不可持续问题依然突出,在某些领域和环节也还不够完善。未来,继续全面深化经济体制改革是实现经济发展方式转变的关键,也是推动我国经济更有效率、更加公平、可持续发展的关键。

---

① 新华网. 中国超越日本成为全球第二大经济体 [EB/OL]. http://news.xinhuanet.com/fortune/2011-02/14/c_121074485.htm.

二、国有经济战略调整阶段的时代挑战

（一）国际政治环境的挑战

中国作为一个发展中的社会主义大国，因社会制度的不同而在国际政治拉锯中处于不利地位。以美国为首的西方发达国家以意识形态和社会制度差异为借口，长期以来一直把中国作为防范和遏制的对象。尽管中国共产党和中国政府多次阐明"中国和平崛起"的思想，不断强调中国的发展是依靠自己，中国的发展对世界有好处，不会对其他国家和地区造成威胁，但西方国家所鼓吹的"中国威胁论"依然在很大范围内有一定的影响，这样的国际政治环境对我国经济的发展是一个挑战。

（二）国际经济环境的挑战

经过40余年的改革开放，中国的外贸依存度不断提高，越来越多的国际竞争压力和"新贸易壁垒"开始扑向中国，而巨大的贸易顺差不仅大大增加了中国与世界其他经济体之间的经济摩擦，也带来了国内流动性过剩问题和人民币升值的巨大压力。同时，中国经济受世界经济的影响也越来越大，如2008年开始的次贷危机和经济放缓就对中国经济产生了显著的影响。加之国际资本市场的风云变幻和国内资本市场的不成熟，以及国际能源市场上的争夺和国际贸易市场的摩擦，这样的国际经济环境对于我国经济的发展同样是一个挑战。

（三）国内资源和环境的挑战

长期以来，我国经济的高速增长都是建立在能源、原料等资源大量消耗的基础上的，面对资源供需逐渐紧张、环境承载能力逐渐减弱的现实，环境和资源问题必将成为我国未来经济和社会发展的"短板"。过去传统的粗放型经济增长模式所引发的能耗高、能源利用率低、资源浪费严重等问题亟待解决。显然，靠大量消耗和占用资源换取经济的快速增长的模式已经不能走下去了，也不应该走下去了，出路就在于要加快转变经济发展方式，节约和合理利用有限资源，继续建设资源节约型、环境友好型社会。这些都表明能源消耗、环境保护问题对我国经济的发展是一个严峻的挑战。

（四）国内经济发展不平衡的挑战

改革开放后，我国开始实施以东部沿海地区为主轴线带动全国经济发展的非均衡的宏观经济布局战略，区域差距和地区经济发展不平衡趋势开始扩大。[①] 但随着20世纪90年代末之后，通过西部大开发、振兴东北老工业基地、促进中部崛起、鼓励东部地区率先发展等几轮"基于地区、放眼全国"的区域发展总体战略的实施，各地区经济社会发展水平都有了显著提高，但区域间发展不协调、差距拉大的趋势并没有得到根本改变。一方面，东部、中部、西部、东北地区的经济总量差距依然明显，人均地区生产总值的差距更是不断扩大；在外贸和利用外资方面，东部地区拥有绝对优势。另一方面，伴随着区域经济发展的不平衡，城乡经济发展差距也在扩大，城乡和产业收入差距开始呈扩大趋势。国内经济发展不平衡所带来的一系列矛盾和问题很可能会成为我国经济社会不稳定的诱因。

第四节　对我国国有经济布局结构调整提出的阶段要求

面对这一时期的特点和挑战，我国国有经济和国有企业的生存和发展也面临着严峻的挑战，并已经成为关乎社会主义前途和命运，关乎国家发展和民生保障的大问题。我国国有经济和国有企业的发展沿袭过去老的模式和路径显然已经行不通，深入推进国有经济的战略性调整成为这一时期国有经济发展的必然选择，而新特点和新挑战也为

---

① 杜肯堂，戴士根. 区域经济管理学 [M]. 北京：高等教育出版社，2004：127.

这一时期我国国有经济的战略性调整提出了新的阶段要求。

一、国有经济布局结构的战略性调整应更强调全局性

我国实行的是以公有制为主体、多种所有制经济共同发展的基本经济制度，作为公有制经济主体的国有经济，理所当然的应该是战略性调整的对象。但国有经济只是社会主义市场经济的一个组成部分，国有经济的战略性调整使国有经济的布局和结构发生了变化，使公有制经济和非公有制经济的相对力量发生了变化，这势必会影响到其他所有制经济的发展。因此，国有经济战略性调整不应仅仅局限于国有经济、国有企业或公有制经济如何实现调整的视角，还需要注重与其他所有制经济的协调与适应，充分发挥非公有制经济在国有经济战略性调整中的补充和激励作用。特别是在进入新时代，公有制经济的主体地位已经受到严重威胁的情况下，更应该强调国有经济战略性调整中的全局性。

二、国有经济布局结构的战略性调整应更强调动态性

国有经济战略性调整从宏观层面来看就是国有经济布局和结构的调整，包括国有经济的产业结构和空间结构的调整。在国有经济的产业结构调整中，国有经济产业布局的"进退"并不是一成不变的，而是随着我国经济和社会的发展不断发生变化的，因此需要注重国有经济产业布局的动态性；在国有经济的空间布局中，强调的是根据不同区域自然条件和社会经济发展状况合理调整国有经济的总量分布和区域产业结构，而不同区域的客观条件也是在不断发生变化的，因此也需要注重国有经济空间布局的动态性。特别是进入新时代，国内外经济政治形势复杂多变、资源与环境对经济发展的约束日益凸显，这种情况下更应该强调国有经济战略性调整的动态性。

三、国有经济布局结构的战略性调整应更强调融合性

这一时期我国社会主义市场经济体制已经建立并逐渐完善，新时代之后更是进入了全面深化经济体制改革的关键历史阶段，因此，国有经济战略性调整应更加强调与市场经济体制的融合性，充分发挥市场和价值规律在国有经济战略性调整中对资源配置的决定性作用。过去我们曾片面地认为国有经济应该完全从竞争性领域退出，但实质上根据市场经济优胜劣汰的规则，如果国有经济在竞争性领域中能够比非公有制经济更加高效地运行，何尝不能继续发展成为该领域的带动者甚至是领军者。答案是显然的。特别是进入新时代，党的十八届三中全会吹响了全面深化改革的号角，市场在社会资源配置中的决定性作用日益凸显，因此在国有经济的战略性调整中，不仅应从行业或产业的性质去考察国有经济应该进入或退出的领域，更需要强调市场经济的思维逻辑在国有经济战略性调整中的作用。

四、国有经济布局结构的战略性调整应更强调国际性

随着我国经济的持续快速发展，我国已经成为继美国之后的世界第二大经济体，发达国家对此积怨已久。然而，这一时期甚至是今后很长一段时间，世界各国对资源与市场的依赖程度还将不断提高，也使得世界主要经济体对全球资源和市场的争夺日趋白热化，国家之间的经济竞争也将逐渐演变为各国大企业大集团之间对市场和消费者的争夺。国有经济和国有企业作为我国国民经济的主导力量，在国际竞争中发挥着不可替代的重要作用。特别是进入新时代，国有经济和国有企业还将代表中国站在国际竞争的舞台上，因此在国有经济的战略性调整中，应更强调战略性调整的国际性，使国有经济向有利于提升国家综合竞争力和维护国家安全的领域和行业集中。

第三章 我国国有经济布局结构战略性调整的阶段成效评价（1997—2012）

第一节 我国国有经济布局结构战略性调整取得的成就

自1997年党的十五大提出要从战略上调整国有经济布局以来，国有经济的战略性调整取得了显著成果。国有经济的战线缩短，运行质量和效率显著提升，对国民经济的调控能力明显增强。本章选取2000—2012年的统计数据①，着重以工业部门为例，对国有经济战略性调整的成效进行系统评估。2000—2012年这12年来国有经济战略性调整取得了许多重要成果，主要表现在以下几个方面。

一、国有经济战线缩短，实力显著增强

从国有及国有控股工业企业的数量和总产值看，一个变小、一个变大，充分说明了国有经济在工业部门的变化趋势。从2000年到2012年，国有及国有控股工业企业的数量由5万多家减少到1万余家，占规模以上工业企业的比重由近33%下降到5%。但国有及国有控股工业企业总产值却由4万多亿元增加到了22万多亿元（2011

---

① 由于《中国统计年鉴》2013年中已无工业企业工业总产值数据的统计，本书以下对工业总产值及与其有关数据的对比分析均选用《中国统计年鉴》2012年的数据。

年），资产总额由8万多亿元增加到了31万多亿元。这说明国有经济资源配置中的"散、小"状态得到了根本改善，资源逐渐向优势企业集中，单个国有企业的规模和实力显著增强，已经形成了一批有世界竞争力的大企业和企业集团。

表3-1 2000—2012年国有及国有控股工业企业数量和
总产值及其占规模以上工业企业①的比重

年份	企业数量		总产值		资产总额	
	个数（万）	比重（%）	产值（亿元）	比重（%）	数额（亿元）	比重（%）
2000	5.35	32.84	40554.37	47.34	84014.94	66.57
2001	4.68	27.31	42408.96	44.43	87901.54	64.92
2002	4.11	22.65	45178.96	40.78	89094.60	60.93
2003	3.43	17.47	53407.90	37.54	94519.79	55.99
2004	3.18	14.47	65971.10	35.24	101593.74	50.94
2005	2.75	10.11	83749.92	33.28	117629.79	48.05
2006	2.50	8.27	98910.45	31.24	135153.35	46.41
2007	2.07	6.14	119685.65	29.54	158187.87	44.81
2008	2.13	5.00	143950.02	28.38	188811.37	43.78
2009	2.05	4.72	146630.00	26.74	215742.01	43.70
2010	2.03	4.47	185861.02	26.61	247759.86	41.79
2011	1.71	5.24	221036.25	26.18	281673.87	41.68
2012	1.79	5.19	—	—	312094.37	40.62

注："—"代表当年无统计数据。
资料来源：根据《中国统计年鉴》2001—2013年相关数据整理计算。

二、国有经济的运行质量和效益明显改善

虽然国有及国有控股工业企业数量从2000年的5.35万个下降到2012年的1.79万个，年均减少8.7%，但资产总额从2000年的

---

① 由于2007年和2011年全国规模以上工业企业统计范围发生了变化，故前后数据可能在一定程度上不具备可比性，下同。

84014.94亿元增加到2012年的312094.37亿元，年均增长11.6%；利润总额从2000年的2408.33亿元增加到2012年的15175.99亿元，年均增长16.6%；税金总额从2000年的3470.64亿元增加到2011年的20372.12亿元，年均增长15.9%。2009年，全国大型国有企业1727户，资产总额433585亿元，户均资产251亿元；同年国资委监管的中央企业133户，资产总额210581亿元，户均资产1583亿元；户均资产分别是2003年的9.7倍和3.7倍。[①] 2013年，进入世界500强的中央企业共有45家，是2003年的7.5倍。[②] 国有及国有控股工业企业在总资产贡献率、净资产收益率、流动资产周转率、成本费用利润率等指标上都有不同程度的上升（见表3-2）。

表3-2 2000—2012年国有及国有控股工业企业资产、利润和税金及其占规模以上工业企业的比重

年份	资产总额		利润总额		税金总额[③]	
	数额（亿元）	比重（%）	数额（亿元）	比重（%）	数额（亿元）	比重（%）
2000	84014.94	66.57	2408.33	54.82	3470.64	67.79
2001	87901.54	64.92	2388.56	50.46	3659.15	65.67
2002	89094.60	60.93	2632.94	45.52	3982.33	63.84
2003	94519.79	55.99	3836.20	46.01	4615.44	61.24
2004	101593.74	50.94	5453.10	45.71	5436.58	57.05
2005	117629.79	48.05	6519.75	44.04	6220.11	54.00
2006	135153.35	46.41	8485.46	43.51	7542.98	52.19
2007	158187.87	44.81	10795.19	39.75	9193.62	49.90
2008	188811.37	43.78	9063.59	29.66	10651.40	44.44
2009	215742.01	43.70	9287.03	26.89	12707.85	47.98
2010	247759.86	41.79	14737.65	27.78	16378.31	48.66
2011	281673.87	41.68	16457.57	26.81	18459.63	47.37

---

① 陈鸿. 国有经济布局[M]. 北京：中国经济出版社，2012：155.
② 国务院国有资产监督管理委员会. 45家中央企业入围2013年世界500强[EB/OL]. http://www.sasac.gov.cn/n1180/n1226/n2410/n314259/n315134/15418725.html.
③ 根据《中国统计年鉴》的有关指标解释，这里的税金总额=主营业务税金及附加+当年应缴增值税，下同。

续表3-2

年份	资产总额		利润总额		税金总额③	
	数额(亿元)	比重(%)	数额(亿元)	比重(%)	数额(亿元)	比重(%)
2012	312094.37	40.62	15175.99	24.51	20372.12	46.27

资料来源:根据《中国统计年鉴》2001—2013年相关数据整理计算。

三、竞争性领域国有经济比重下降明显,国有经济资源进一步向垄断行业集中

从国有经济的行业分布来看,在垄断行业及提供公共产品和服务的行业,国有经济所占比重一直较高且比较稳定,下降幅度不太明显;资源性行业的国有经济比重虽然有所下降,但是占比仍然处于主导地位;而一般竞争性行业的国有经济比重要么本来就不高,要么就是下降幅度较大,并且大部分基本处于退出状态。

从工业总产值上看,表3-3统计的39个行业中,绝大部分竞争性行业的国有及国有控股工业企业占规模以上工业企业的比重都呈下降趋势,且下降幅度明显。比重下降较快的行业是其他采矿业,化学纤维制造业,医药制造业;比重基本稳定或略有上升的行业是烟草制品业,石油和天然气开采业,工艺品及其他制造业,电力、热力的生产和供应业,废弃资源和废旧材料回收加工业等垄断行业或民营经济不易进入的行业。

表3-3 2000—2011年各行业国有及国有控股工业企业总产值占同行业规模以上工业企业的比重

单位:%

行业	年份								
	2000	2003	2005	2006	2007	2008	2009	2010	2011
煤炭开采和洗选业	81.91	76.98	67.77	66.04	63.32	59.11	59.16	56.46	53.60
石油和天然气开采业	94.55	92.23	90.51	98.90	96.89	96.11	94.59	94.70	92.09
黑色金属矿采选业	39.40	30.51	20.35	18.35	17.94	18.12	13.49	14.04	16.68
有色金属矿采选业	46.04	41.22	41.01	38.78	32.97	27.99	24.68	27.35	28.70

续表3-3

行业	年份								
	2000	2003	2005	2006	2007	2008	2009	2010	2011
非金属矿采选业	35.01	29.18	19.78	19.91	15.17	13.63	11.64	11.16	12.33
其他采矿业	—	84.45	29.80	2.69	1.28	1.06	0.94	1.66	0.00
农副食品加工业	35.00	17.57	10.27	8.25	7.39	5.49	5.40	5.64	5.43
食品制造业	29.71	17.93	12.61	12.42	9.81	8.90	7.28	7.20	5.81
饮料制造业	49.30	38.08	27.31	22.93	20.63	18.79	17.29	16.05	16.47
烟草制品业	98.30	98.71	99.02	99.34	99.47	99.33	99.33	99.35	99.35
纺织业	32.23	15.45	7.29	5.88	4.45	3.14	2.54	2.41	2.36
纺织服装、鞋、帽制造业	5.93	3.45	2.21	1.81	1.81	1.39	1.36	1.35	1.36
皮革、毛皮、羽毛（绒）及其制品业	4.21	1.82	0.70	0.67	0.49	0.82	0.39	0.30	0.30
木材加工及木、竹、藤、棕、草制品业	15.45	11.94	9.44	7.56	3.86	2.91	2.41	2.31	2.30
家具制造业	6.36	3.46	3.76	3.66	2.77	2.05	2.32	2.55	1.75
造纸及纸制品业	27.17	20.46	12.59	10.09	7.74	8.73	7.71	7.93	6.94
印刷业和记录媒介的复制	37.95	27.08	19.97	17.50	16.26	14.02	13.04	12.34	11.51
文教体育用品制造业	5.76	3.53	2.07	1.98	1.56	1.56	1.20	1.16	1.16
石油加工、炼焦及核燃料加工业	90.98	85.40	79.65	75.59	75.54	72.39	70.35	70.92	68.59
化学原料及化学制品制造业	50.45	38.90	30.70	29.13	25.88	23.03	19.91	19.30	18.66
医药制造业	49.62	36.80	23.94	19.85	17.97	15.44	12.69	12.86	11.83
化学纤维制造业	55.03	26.97	22.28	20.49	18.06	12.23	10.27	8.77	8.17
橡胶制品业	34.35	25.52	18.33	14.21	13.69	13.12	12.38	12.83	12.14
塑料制品业	11.47	6.89	5.40	4.64	3.63	4.00	3.25	2.68	2.65
非金属矿物制品业	30.48	18.90	13.02	11.47	10.51	10.50	9.56	9.93	10.64
黑色金属冶炼及压延加工业	73.76	59.43	47.33	43.13	42.03	41.54	38.60	38.96	36.92

续表 3—3

行业	年份								
	2000	2003	2005	2006	2007	2008	2009	2010	2011
有色金属冶炼及压延加工业	52.91	40.72	34.45	33.44	32.25	29.61	27.03	28.32	28.83
金属制品业	12.13	9.23	7.42	7.08	7.11	6.53	5.77	5.49	5.77
通用设备制造业	38.36	30.85	23.39	21.51	19.16	16.67	15.45	13.19	12.53
专用设备制造业	41.20	38.29	29.48	26.33	25.31	24.41	24.31	21.96	20.48
交通运输设备制造业	66.98	62.05	51.83	50.17	49.77	44.82	46.41	46.51	43.98
电气机械及器材制造业	19.35	12.50	11.13	10.81	9.26	8.44	8.93	8.90	8.92
通信设备、计算机及其他电子设备制造业	37.72	21.87	13.22	7.68	6.50	8.79	8.66	7.89	8.34
仪器仪表及文化、办公用机械制造业	22.85	11.58	10.26	9.33	8.92	9.93	10.19	10.07	10.33
工艺品及其他制造业	—	5.40	6.24	5.74	6.18	5.60	5.98	7.02	8.89
废弃资源和废旧材料回收工业	—	1.80	3.03	2.89	7.52	10.00	15.44	3.18	3.76
电力、热力的生产和供应业	85.43	83.83	89.33	90.00	90.79	91.62	91.60	92.27	93.04
燃气生产和供应业	71.63	67.16	56.42	54.72	51.80	48.81	43.98	44.15	44.40
水的生产和供应业	87.85	83.63	75.69	69.52	66.84	68.25	64.05	68.72	69.42

注：1. 个别行业的名称有所调整，按照最新和最接近原则进行比对；下同。

2. "—"代表当时无此行业统计数据。

资料来源：根据《中国统计年鉴》2001—2012年相关数据整理计算。

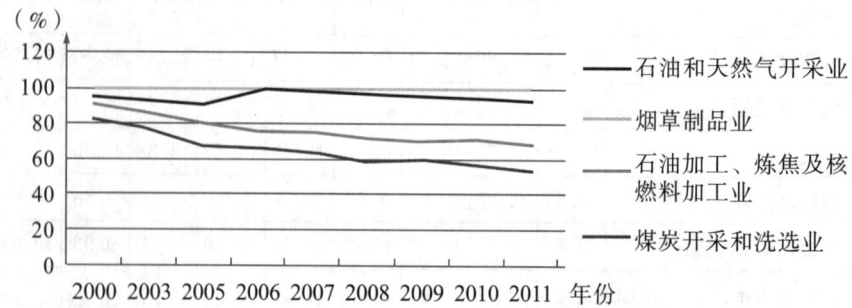

图 3—1 2000—2011 年垄断行业和资源性行业国有及国有控股工业企业总产值占比变化

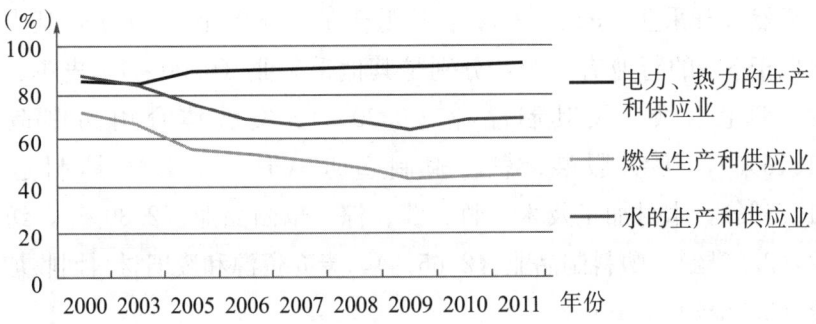

图 3-2　2000—2011 年提供公共产品和服务行业国有及
国有控股工业企业总产值变化

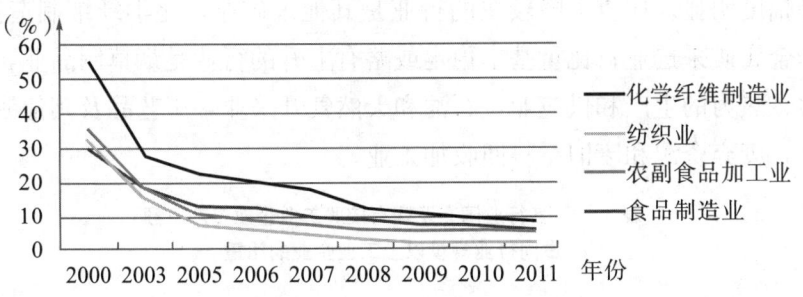

图 3-3　2000—2011 年一般竞争性行业国有及
国有控股工业企业总产值变化

由表 3-3 及图 3-1、3-2、3-3 可知：

在 2000 年，各行业国有及国有控股工业企业工业总产值占比的简单平均数为 45.30%。其中占比超过 80% 的行业有 6 个，分别是烟草制品业（98.3%），石油和天然气开采业（94.55%），石油加工、炼焦核燃料加工业（90.98%），水的生产和供应业（87.85%），电力蒸汽、热力的生产供应业（85.43%），煤炭开采和洗选业（81.91%）；占比低于 10% 的行业有 4 个，分别是皮革、毛皮、羽毛（绒）及其制品业（4.21%），文教体育用品制造业（5.76%），纺织服装、鞋、帽制造业（5.93%），家具制造业（6.36%）。

在 2011 年，各行业国有及国有控股工业企业工业总产值占比的简单平均数为 22.73%。其中占比超过 80% 的行业有 3 个，分别是烟草制品业（99.35%），电力、热力的生产和供应业（93.04%），石油和天然气开采业（92.09%）；占比低于10%的行业有17个，其中占比低于5%的行业有9个，分别是其他采矿业（0.00%），皮革、毛皮、羽毛（绒）及其制品业（0.30%）、文教体育用品制造业（1.16%），纺织服装、鞋、帽制造业（1.36%），家具制造业（1.75%），木材加工及木、竹、藤、棕、草制品业（2.30%），纺织业（2.36%），塑料制品业（2.65%），废弃资源和废旧材料回收加工业（3.76%）。

从资产总额上看，统计的39个行业中，绝大部分行业的国有及国有控股工业企业占规模以上工业企业的比重也都呈下降趋势，且下降幅度明显。比重下降较快的行业是其他采矿业，化学纤维制造业，非金属矿采选业；比重基本稳定或略有上升的行业是烟草制品业，电力、热力的生产和供应业，石油和天然气开采业，工艺品及其他制造业，废弃资源和废旧材料回收加工业。

表3-4 各行业国有及国有控股工业企业资产总额占同行业规模以上工业企业的比重

单位：%

行业	年份								
	2000	2003	2005	2006	2007	2008	2009	2010	2011
煤炭开采和洗选业	92.74	90.73	83.33	82.26	79.45	75.53	75.86	73.17	72.04
石油和天然气开采业	98.86	97.11	95.31	98.42	97.04	96.45	96.27	96.61	94.73
黑色金属矿采选业	78.06	59.04	44.88	42.75	39.39	37.59	30.91	48.19	49.97
有色金属矿采选业	74.24	63.32	54.35	53.52	44.45	41.14	41.66	44.91	47.07
非金属矿采选业	76.96	68.96	40.82	39.96	31.70	29.97	29.32	30.59	34.07
其他采矿业	—	97.39	35.09	8.76	4.12	3.44	2.84	6.72	0.00
农副食品加工业	50.83	26.09	14.98	11.67	10.08	8.62	8.16	9.00	8.44
食品制造业	41.10	29.11	20.75	19.41	17.62	13.48	12.24	12.18	9.90
饮料制造业	58.63	47.80	36.89	32.99	29.80	27.12	27.63	27.20	28.56
烟草制品业	98.16	98.73	99.15	99.23	99.31	99.13	99.17	99.18	99.30
纺织业	46.22	26.18	12.80	10.75	8.71	6.11	5.41	5.14	4.97
纺织服装、鞋、帽制造业	12.48	6.23	4.35	3.25	3.22	2.65	2.59	2.43	2.28

续表3-4

行业	年份								
	2000	2003	2005	2006	2007	2008	2009	2010	2011
皮革、毛皮、羽毛（绒）及其制品业	12.01	4.40	1.84	1.26	1.10	1.58	1.07	0.88	0.77
木材加工及木、竹、藤、棕、草制品业	38.39	28.94	22.52	18.59	9.83	6.58	5.91	5.23	5.63
家具制造业	14.90	8.34	5.13	3.96	3.20	2.49	2.57	2.74	2.41
造纸及纸制品业	44.81	35.90	22.12	19.13	14.59	17.90	17.07	16.00	12.10
印刷业和记录媒介的复制	51.22	38.20	30.30	26.18	23.08	19.56	20.34	18.68	18.23
文教体育用品制造业	17.44	9.92	6.30	4.97	4.15	3.73	2.52	2.34	2.42
石油加工、炼焦及核燃料加工业	90.28	79.78	69.56	65.07	66.35	65.05	62.08	59.58	58.83
化学原料及化学制品制造业	69.45	55.46	43.17	42.13	38.80	35.14	34.16	31.45	29.11
医药制造业	60.83	46.78	35.23	29.47	27.54	23.61	20.64	21.31	20.30
化学纤维制造业	69.62	44.05	30.48	30.91	24.55	19.86	16.77	14.52	12.06
橡胶制品业	50.75	34.28	24.51	18.81	16.93	17.80	17.30	16.93	16.22
塑料制品业	22.55	15.12	9.70	9.05	6.26	6.96	5.34	5.35	5.08
非金属矿物制品业	48.69	34.61	24.69	23.47	20.40	20.32	18.09	19.02	19.73
黑色金属冶炼及压延加工业	86.37	73.43	61.48	59.76	60.50	59.70	60.82	56.85	54.50
有色金属冶炼及压延加工业	71.77	61.62	49.90	47.17	45.90	44.53	44.34	43.17	43.64
金属制品业	24.04	17.48	12.21	10.53	10.11	8.72	9.03	9.06	9.32
通用设备制造业	60.71	47.01	35.68	31.54	30.42	26.81	26.43	22.00	22.31
专用设备制造业	63.33	55.32	42.65	37.91	34.63	34.50	34.66	33.74	32.20
交通运输设备制造业	78.22	70.42	60.47	58.24	57.35	52.82	54.76	54.08	53.19
电气机械及器材制造业	35.58	25.03	17.59	16.01	14.32	13.98	13.92	13.99	15.00
通信设备、计算机及其他电子设备制造业	50.98	32.60	21.99	15.26	14.58	17.40	17.92	16.47	19.62
仪器仪表及文化、办公用机械制造业	48.81	29.75	22.64	19.84	18.86	19.41	17.70	18.19	18.83

续表 3-4

行业	年份								
	2000	2003	2005	2006	2007	2008	2009	2010	2011
工艺品及其他制造业	—	8.95	13.04	12.69	14.48	11.84	12.82	13.72	18.98
废弃资源和废旧材料回收加工业	—	1.96	9.00	17.77	9.99	21.80	20.07	7.58	6.54
电力、热力的生产和供应业	89.06	89.00	87.27	88.64	88.96	89.56	88.85	88.66	90.65
燃气生产和供应业	93.70	87.99	73.12	71.11	59.00	57.29	66.23	53.42	54.27
水的生产和供应业	90.30	88.16	85.54	76.07	75.60	79.97	75.55	77.27	79.59

注："—"代表当时无此行业统计数据。

资料来源：根据《中国统计年鉴》2001—2012 年相关数据整理计算。

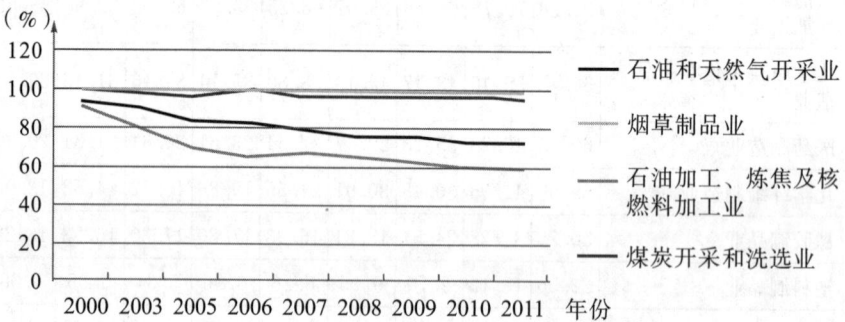

图 3-4　2000—2011 年垄断行业和资源性行业国有及国有控股工业企业资产总额占比变化

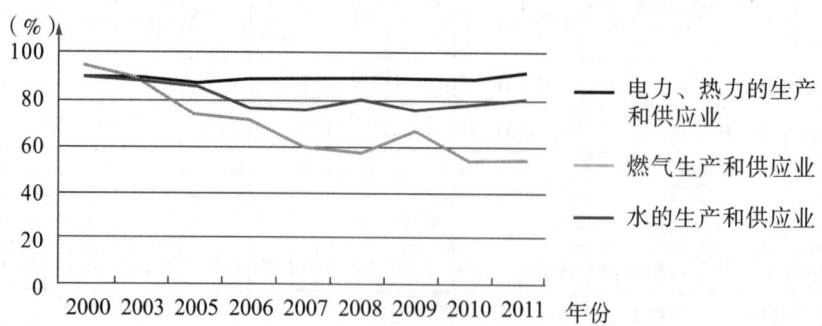

图 3-5　2000—2011 年提供公共产品和服务行业国有及国有控股工业企业资产总额变化

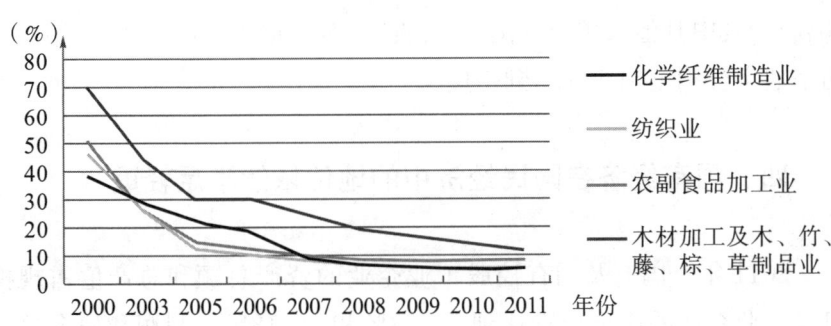

图 3-6　2000—2011 年一般竞争性行业国有及
国有控股工业企业资产总额变化

由表 3-4 及图 3-4、3-5、3-6 可知：

在 2000 年，各行业国有及国有控股工业企业资产总额占比的简单平均数为 59.78%。其中占比超过 80% 的行业有 8 个，分别是石油和天然气开采业（98.86%），烟草制品业（98.16%），燃气生产和供应业（93.70%），煤炭开采和洗选业（92.71%），水的生产和供应业（90.30%），石油加工及炼焦及核燃料加工业（90.28%），电力、热力的生产和供应业（89.06%），黑色金属冶炼及压延加工业（86.37%）；没有行业的占比低于 10%。

在 2011 年，各行业国有及国有控股工业企业资产总额占比的简单平均数为 30.07%。其中占比超过 80% 的行业有 3 个，分别是烟草制品业（99.30%），石油和天然气开采业（94.73%），电力、热力的生产和供应业（90.65%）；占比低于 10% 的行业有 12 个，分别是其他采矿业（0.00%），皮革、毛皮、羽毛（绒）及其制品业（0.77%），纺织服装、鞋、帽制造业（2.28%），家具制造业（2.41%），文教体育用品制造业（2.42%），纺织业（4.97%），塑料制品业（5.08%），木材加工及木、竹、藤、棕、草制品业（5.63%），废弃资源和废旧材料回收加工业（6.54%），农副食品加工业（8.44%），金属制品业（9.32%），食品制造业（9.90%）。

总体来看，到 2011 年，只有不到一成的行业国有经济还占有绝对地位（在规模以上工业企业中占比超过 80%），有超过四成的行业国有经济已经处于基本退出状态（在规模以上工业企业中占比低于

10%），其中其他采矿业的国有经济已经全部退出；而在2000年，这两个数字分别是两成和不到一成。

四、国有经济在国民经济中的地位依然举足轻重

2011年，国有及国有控股工业企业的资产总额和总产值占规模以上工业企业的比重分别达到41.68%和26.18%，利润和税金总额分别占26.81%和47.37%。在统计的39个行业中，国有及国有控股工业企业资产总额占规模以上工业企业的比重在50%以上的有9个，总产值占50%以上的有6个，国有经济在垄断工业部门仍占绝对优势。而放眼整个国民经济，国有经济的地位也依然举足轻重。

在固定资产投资方面，国有经济进行的固定资产投资的绝对数额仍在逐年增加，且2012年占全社会固定资产投资的25.7%，尽管这一比重在缓慢下降（见表3－5）。

表3－5　国有经济在全社会固定资产投资中的投资额和比重

年份	投资额（亿元）	比重（%）
2000	16504.4	50.1
2001	17607.0	47.3
2002	18877.4	43.4
2003	21661.0	39.0
2004	25027.6	35.5
2005	29666.9	33.4
2006	32963.4	30.0
2007	38706.3	28.2
2008	48704.9	28.2
2009	69692.5	31.0
2010	83316.5	30.0
2011	82494.8	26.5
2012	96220.2	25.7

资料来源：根据《中国统计年鉴》2001—2013年相关数据整理计算。

从国有经济部门的就业人数及比重来看，虽然也呈逐年下降的趋势，但2012年占非私营单位就业人员的比例仍然超过44%（见表3—6）。

表3—6 国有经济就业人数及其占总就业和单位就业的比重

年份	就业人数（万人）	占总就业比重（%）	占非私营单位就业比重（%）
2000	8102	11.24	69.97
2001	7640	10.49	68.65
2002	7163	9.77	65.58
2003	6876	9.32	63.11
2004	6710	9.04	60.87
2005	6488	8.69	57.68
2006	6430	8.58	54.90
2007	6424	8.53	53.42
2008	6447	8.53	52.88
2009	6420	8.47	51.06
2010	6516	8.56	49.93
2011	6704	8.77	46.51
2012	6829	8.92	44.89

资料来源：根据《中国统计年鉴》2001—2013年相关数据整理计算。

五、国有企业现代企业制度建设取得重大进展

通过产权改革、引进战略投资者、推行规范改制和境内外资本市场上市等途径，大多数国有企业实现了产权多元化，成为国有控股（参股）公司。在2003年年底，全国4223家国有大中型骨干企业中，有2514家通过多种形式改制成为多元持股的公司制企业，改制面近60%。[①] 到2005年年底，国家统计局统计的国家重点企业中的2524

[①] 国务院国有资产监督管理委员会研究室．坚持国企改革方向规范推进国企改制[N]．人民日报，2004—09—29．

家国有及国有控股企业,已有1942家改制为多元股东的股份制企业,改制面上升到76.9%,而国有中小企业的改制面更是突破80%。[①] 截至2011年6月底,全国国有企业90%以上都已经完成了公司制股份制改造,实现了股权结构分散化、投资主体多元化,中央企业控股境内外上市公司达359家,中央企业资产总额的54.07%、净资产的68.67%、营业收入的60.4%都在上市公司。[②]

同时,国务院国有资产监督管理委员会依据《公司法》,在中央企业推进建立规范董事会试点,积极探索中国特色公司治理模式。2005年以来,36户中央企业分批进行了董事会试点。[③] 国有企业股东会、董事会、监事会分权制衡的治理机制不断健全。

现代企业制度的建立为国有企业管理创新、技术进步奠定了制度基础。国有企业的产权管理、财务资金管理、投资管理、成本管理和战略规划管理不断加强,管理水平得到了较大提高。同时,国有企业通过加大科技研发投入,推进了自主创新,为企业的持续发展创造了新的增长点。

第二节 我国国有经济布局结构战略性调整存在的问题

在这一时期的国有经济战略性调整中,还存在着诸多尚未取得明显成效的领域,这些问题都需要在新时代继续推进国有经济战略性调整的过程中解决,诸如经济相对落后的中西部地区国有经济的比重仍然较高,垄断行业国有经济一统天下的现象较严重,国有企业的政企关系和产权结构调整还没有取得明显突破,国有经济的运行质量和效益还有较大的提升空间。

---

① 焦方义,杨其滨. 产权流动与资本重组问题研究[M]. 北京:经济科学出版社,2012:72.
② 国务院国有资产监督管理委员会党委. 坚定不移地推进国有企业改革发展[J]. 求是,2012(10):14—17.
③ 严汉平等. 国有经济逻辑边界及战略调整[M]. 北京:中国经济出版社,2007:177.

一、西部和东北地区国有经济调整还需深入推进

从东部、中部、西部、东北四大地区的国有经济比重来看，东部地区国有经济占当地经济的比重最低，西部地区最高，中部和东北地区次之。

无论是从企业数量、资产规模还是利润总额上看，东部、中部、西部和东北地区的国有及国有控股工业企业在当地规模以上工业企业中的比重都明显下降。其中企业数量下降最快的是东北地区，由2000年的50.0%下降到2012年的5.5%；资产总额下降最快的是中部和东北地区，分别由2000年的80.5%和82.6%下降到2012年的46.1%和52.4%；利润总额下降最快的是东北地区，由2000年的89.7%下降到2012年的30.2%（见表3-7）。

表3-7 各地区国有及国有控股工业企业数量、资产规模和利润总额占当地规模以上工业企业的比重

单位：%

年份	企业数量				资产总额				利润总额			
	东部	中部	西部	东北	东部	中部	西部	东北	东部	中部	西部	东北
2000	22.0	43.8	54.6	50.0	53.5	80.5	83.9	82.6	42.2	51.9	74.7	89.7
2003	10.7	27.0	35.9	28.0	41.9	73.9	75.5	74.4	34.7	55.6	68.5	81.8
2005	6.4	15.0	23.4	15.6	36.1	63.8	67.9	67.2	30.8	49.3	71.7	80.8
2006	5.2	12.0	20.1	11.4	34.5	61.2	68.2	63.4	31.4	45.2	69.5	77.2
2007	4.1	8.8	14.8	7.4	32.7	59.6	66.5	61.6	28.7	38.1	65.3	69.2
2008	3.2	6.9	12.5	6.4	31.8	55.9	65.2	58.4	19.9	27.2	53.3	55.5
2009	3.1	6.2	12.2	5.3	32.1	55.0	63.9	56.0	20.8	24.4	47.6	39.8
2010	2.8	5.8	11.6	5.1	30.6	52.2	61.6	54.9	21.6	25.4	47.9	37.2
2011	3.5	6.0	12.7	5.5	30.6	50.3	61.5	54.5	20.2	23.7	45.7	37.8
2012	3.5	5.7	12.5	5.5	29.0	46.1	59.6	52.4	19.0	19.9	44.7	30.2

注：东部地区包括北京、天津、河北、上海、江苏、浙江、福建、山东、广东、海南10省市；中部地区包括河南、湖北、湖南、山西、安徽、江西6省；西部地区包括重庆、四川、贵州、云南、西藏、陕西、甘肃、青海、宁夏、新疆、内蒙古、广西12省区市；东北地区包括辽宁、吉林、黑龙江3省；下同。

资料来源：根据《中国统计年鉴》2001—2013年相关数据整理计算。

统计显示，东部地区的国有及国有控股工业企业在各项指标上都已经不再占据主导地位。但我们可以看到，在资产总额上，中部、西部和东北地区的国有及国有控股工业企业仍然占据绝对主导地位；在利润总额上，西部和东北地区的国有及国有控股工业企业仍然占据相对较高的比重。西部和东北地区是我国的老工业基地，传统国有企业比重较高，非公有制经济发展相对滞后，经济活跃度和发展水平相对较低，因此新时代我国国有经济战略性调整的重点应该是在西部和东北地区。

从东部、中部、西部和东北地区国有及国有控股工业企业各项指标的相对比重上看，东部地区都占据了大致四成的比重，且变化基本较稳定；中部地区在企业数量和资产总额上基本占据了两成的比重，变化也比较稳定，利润总额所占比重则出现了小幅上升。西部和东北地区呈现出截然相反的变化趋势，西部地区各项指标逐年上升，利润总额比重上升最为明显，由2000年的12.2%上升到2012年的31.2%；东北地区各项指标则呈逐年下降的趋势，同样是利润总额指标下降最为明显，由2000年的30.8%下降到2012年的9.9%（见表3-8）。这说明东部地区的国有及国有控股工业企业虽然在当地经济中的比重在下降，但在全国范围内看，优势相当明显，在企业数量、企业实力和经济效益方面都有充分体现。而西部地区的国有经济在全国的地位上升较快，东北地区下降明显，老工业基地的国有工业还有加快发展的潜力和空间。

表3-8 各地区国有及国有控股工业企业数量、资产规模和利润总额的相对比重

单位：%

年份	企业数量				资产总额				利润总额			
	东部	中部	西部	东北	东部	中部	西部	东北	东部	中部	西部	东北
2000	39.8	25.8	23.7	10.7	43.9	19.9	21.5	14.8	49.4	7.6	12.2	30.8
2003	39.9	25.3	25.2	9.5	42.7	21.6	22.1	13.7	50.5	13.3	15.5	20.7
2005	43.3	21.8	25.1	9.7	45.3	20.4	22.0	12.3	44.4	13.6	22.6	19.4
2006	42.7	21.6	26.1	9.5	44.8	20.4	22.9	11.9	44.3	14.2	24.0	17.5

续表3-8

年份	企业数量				资产总额				利润总额			
	东部	中部	西部	东北	东部	中部	西部	东北	东部	中部	西部	东北
2007	44.4	21.7	25.4	8.4	43.5	21.2	23.8	11.5	42.6	15.2	25.6	16.6
2008	42.9	21.4	26.2	9.4	41.9	21.2	25.3	11.6	38.3	16.9	28.0	16.9
2009	42.4	21.5	27.4	8.8	42.0	21.4	25.3	11.3	46.1	16.1	25.9	12.0
2010	40.6	22.4	28.2	8.8	41.6	21.1	26.2	11.0	44.5	16.8	27.4	11.3
2011	40.1	22.6	29.1	8.2	40.9	21.3	27.1	10.7	41.3	17.3	29.6	11.8
2012	39.7	22.5	29.7	8.1	40.9	20.6	28.1	10.4	42.8	16.1	31.2	9.9

注：由于四舍五入可能出现总和不等于100%的情况。
资料来源：根据《中国统计年鉴》2001—2013年相关数据整理计算。

虽然东部地区的国有及国有控股工业企业在各项指标的相对比重上占有明显的优势，但其变化稳定。西部地区和东北地区虽然在相对比重上没有占据优势，但是根据表3-8中的数据，我们看到西部和东北地区的国有及国有控股工业企业在当地的规模以上工业企业中却占据较高比重，这也再次表明新时代我国国有经济战略性调整的重点应该是西部和东北地区。

二、垄断行业的国有经济调整和改革还亟待加快

经过15年的调整，除了在关系国家安全、自然垄断、提供公共产品和服务行业的国有及国有控股工业企业，其他行业和领域的国有经济都在有序退出，特别是一般竞争性行业退出最为明显。总体来看，有超过四成的行业国有经济处于基本退出的状态，但是国有经济分布的行业仍然过于广泛，而且垄断行业国有经济占绝对地位的局面较为严重，如2011年，烟草、石油和天然气开采行业国有及国有控股企业资产总额占规模以上工业企业的比重分别达到99.3%和94.7%，总产值分别占99.4%和92.1%。

从行业盈利能力和上缴税金来看，国有经济还严重依赖自然垄断和提供公共产品和服务的行业。以2012年为例，石油和天然气开采

业，电力、热力的生产和供应业，汽车制造业，煤炭开采和洗选业，烟草制品业，石油加工、炼焦及核燃料加工业等六大行业提供了整个国有及国有控股工业企业接近74%的利润，这六大行业还提供了超过81%的税金，其中石油和天然气开采业提供了24.38%的利润，烟草制品业提供了24.27%的税金。

表3-9 2012年各行业国有及国有控股工业企业利润和税金的相对比重

单位：%

行业	占全部国有及国有控股工业企业利润的比重	占全部国有及国有控股工业企业税金的比重
煤炭开采和洗选业	13.36	8.16
石油和天然气开采业	24.38	10.74
黑色金属矿采选业	1.30	0.52
有色金属矿采选业	1.77	0.37
非金属矿采选业	0.39	0.22
开采辅助活动	0.04	0.43
其他采矿业	0.00	0.00
农副食品加工业	0.65	0.28
食品制造业	0.35	0.22
酒、饮料和精制茶制造业	3.71	1.59
烟草制品业	6.99	24.27
纺织业	0.12	0.11
纺织服装、服饰业	0.06	0.03
皮革、毛皮、羽毛及其制品和制鞋业	0.03	0.01
木材加工和木、竹、藤、棕、草制品业	0.04	0.03
家具制造业	0.12	0.02
造纸和纸制品业	0.17	0.16
印刷和记录媒介复制业	0.39	0.13
文教、工美、体育和娱乐用品制造业	0.10	0.04

续表3-9

行业	占全部国有及国有控股工业企业利润的比重	占全部国有及国有控股工业企业税金的比重
石油加工、炼焦和核燃料加工业	-0.97	19.14
化学原料和化学制品制造业	1.76	2.43
医药制造业	1.54	0.63
化学纤维制造业	0.19	0.06
橡胶和塑料制品业	0.33	0.17
非金属矿物制品业	2.19	1.04
黑色金属冶炼和压延加工业	-1.41	2.81
有色金属冶炼和压延加工业	1.63	1.46
金属制品业	0.59	0.26
通用设备制造业	2.03	0.96
专用设备制造业	1.80	0.90
汽车制造业	14.02	7.70
铁路、船舶、航空航天和其他运输设备制造业	1.76	0.84
电气机械和器材制造业	0.87	0.75
计算机、通信和其他电子设备制造业	1.82	1.45
仪器仪表制造业	0.41	0.16
其他制造业	0.12	0.03
废弃资源综合利用业	0.03	0.06
金属制品、机械和设备修理业	0.06	0.03
电力、热力生产和供应业	16.19	11.25
燃气生产和供应业	0.94	0.26
水的生产和供应业	0.13	0.26

注：由于四舍五入可能出现总和不等于100%情况。
资料来源：根据《中国统计年鉴》2013年相关数据整理计算。

存在问题的当然不只是工业部门的垄断行业，国民经济中其他垄断行业也都面临着如何完成放宽市场准入、形成有效市场竞争格局这一关键任务。因此，垄断行业的国有经济调整和改革还需要进一步加快脚步。

三、国有企业的政企关系和产权结构调整还没有取得明显突破

经过40余年的改革和发展，我国国有企业与政府之间的关系已不再是原来纯粹的上下级关系，进入21世纪后我国的政府机构也经历了几次撤并和职能调整，但政府部门依然通过行政审批制度和人事任免等在一定程度上影响着企业的经营活动。特别是国资委的定位还有待进一步明确，真正意义上的国有资产的出资人制度还未完全形成，国有资产管理部门对国有企业经营者和管理层的"官员化"管理模式依然存在，对国有企业的人权、财权、物权干预过多，这些都妨碍了国有企业的制度创新和经营机制的进一步转换，也束缚了国有企业改革的深入推进。[①]

虽然我国国有企业通过建立现代企业制度的实践已经展现了全新的发展态势，并在建立现代企业制度方面取得了较为显著的成绩，但是，国有企业在产权结构调整方面始终未能取得较为明显的突破，产权所有者主体缺位、产权关系模糊、产权结构单一、产权流动不畅、产权条块分割等问题始终困扰着未来国有企业的发展和国有经济战略性调整的推进。

国有企业改制后，国家虽然承认了企业的法人资格，但是由于国有资产的产权责任不明确，企业并没有获得真正的自主权，政府职能部门常常利用行政职权干预企业的生产经营，在人事任免上，国有企业也依然缺乏独立权，企业的市场竞争主体地位得不到应有的强化。

---

① 刘泉红. 国有企业改革：路径设计和整体推进 [M]. 北京：社会科学文献出版社，2012：11—12.

虽然股份制公司制改革使得国有企业已经实现了产权结构多元化，但是实际上产权结构并没有发生质的变化，股份中国家股、法人股占比过高，真正进入市场流通的股份十分有限，使得国有资产缺乏合理的流动，不能得到充分和高效的配置。

四、国有企业的运行质量和经济效益还有待进一步提高

从各项经济效益指标上看，国有及国有控股工业企业的经济效益都在逐渐提高，总资产贡献率、净资产收益率和成本费用利润率分别由2000年的8.43%、7.36%和6.15%上升到2012年的12.77%、12.61%和6.52%，流动资产周转次数也由2000年的1.34次/年上升到2012年的2.21次/年（见表3—10）。但与同期私营企业的各项指标相比，总资产贡献率、净资产收益率和流动资产周转次数与私营企业的差距拉大，而私营企业的成本费用利润率与国有及国有控股工业企业的差距却在逐步缩小，最终反超国有企业，因此新时代国有企业的效率还有进一步提高的空间。

表3—10　2000—2012年国有及国有控股工业企业各经济效益指标及其与私营企业的对比

年份	总资产贡献率（%）		净资产收益率（%）①		资产负债率（%）		流动资产周转次数（次/年）		成本费用利润率（%）	
	国有	私营	国有	私营	国有	私营	国有	私营	国有	私营
2000	8.43	—	7.36	11.39	60.99	—	1.34	—	6.15	—
2003	10.09	—	10.00	14.97	59.24	—	1.69	—	7.25	—
2005	11.87	13.85	12.88	17.26	56.66	59.48	2.10	2.96	8.44	4.93
2006	12.92	14.95	14.47	19.26	56.24	59.11	2.28	3.11	9.35	5.27
2007	13.79	17.18	15.74	22.78	56.50	58.38	2.39	3.29	9.90	6.08
2008	11.77	19.67	11.71	25.12	58.99	56.44	2.34	3.45	6.71	6.87
2009	11.29	18.33	10.90	23.96	60.30	55.38	2.05	3.29	6.73	6.71
2010	13.63	20.82	15.03	28.88	60.31	54.82	2.14	3.36	8.43	7.92

① 根据《中国统计年鉴》的有关指标解释，这里的净资产收益率=利润总额/所有者权益。

续表 3-10

年份	总资产贡献率（%）		净资产收益率（%）①		资产负债率（%）		流动资产周转次数（次/年）		成本费用利润率（%）	
	国有	私营	国有	私营	国有	私营	国有	私营	国有	私营
2011	13.69	22.45	15.07	31.59	61.17	54.59	2.23	3.60	7.66	7.99
2012	12.77	21.45	12.61	29.29	61.31	54.21	2.21	3.55	6.52	7.69

注："—"代表当时无私营企业统计数据。

资料来源：根据《中国统计年鉴》2001—2013年相关数据整理计算。

国有经济的战略性调整是我国深化经济体制改革的一项重要任务。2000—2012年这12年来调整取得了重要成果，但调整任务还远未结束。国有经济还存在分布领域广、资源分散、垄断行业问题多、整体效益待提升等桎梏，尤其是西部和东北地区。因此，新时代继续深化国有经济的战略性调整同样具有重要的现实意义。

总之，新时代我国国有经济战略性调整必须立足于新时代的新形势，以巩固和发展公有制经济为出发点，充分发挥国有经济在国民经济中的主导作用，以提高国有经济的竞争力、创新力、控制力、影响力、抗风险能力为落脚点，加快推进社会主义市场经济体制的不断完善。产业上推动国有资本更多地投向关系国家安全和国民经济命脉的重要行业和关键领域，完善国有资本有进有退、合理流动的机制；空间上建立合理的地域分工体系，实现国有资产的跨区域流动和国有经济区域产业结构的优化配置；微观上继续深化国有企业改革，以建立和完善现代企业制度为核心，构建与国有经济产业结构优化和空间结构重组相适应的企业组织结构。

---

① 根据《中国统计年鉴》的有关指标解释，这里的净资产收益率=利润总额/所有者权益。

第四章　国外国有经济布局结构调整的历史考察及经验借鉴

国有经济不是社会主义国家的专利,资本主义国家同样存在国有经济,可以说国有经济是当代世界各国都普遍存在的经济现象。而无论是西方老牌资本主义国家还是第三世界新兴国家,国有经济在其发展过程中都起着或者起到过重要的作用。研究国外国有经济布局和结构调整的历程和规律,对于新时代我国深入推进国有经济布局结构的战略性调整具有借鉴意义。

第一节　国外国有经济布局和结构调整的历史考察

从世界范围来看,西方国家国有经济的存在已经有很长的历史了,一些资本主义国家实际上在工场手工业时期就有类似于国有企业的官办工厂,可以说官办工厂是国有经济最初的微观形式。有资料表明,早在15世纪下半叶,西欧许多国家的政府就已经掌握了采矿、冶金、金属加工等行业。[①] 英国1657年就成立了邮政总局,并以此来经营全国的邮政业务;在法国,同样是在17世纪,路易十四时期政府就开始承建一些诸如公路、运河等基础设施,表现出国家对工商业的支持、主办态度;在意大利,工场手工业时期甚至连罗马的教堂也有官属的制造厂。[②] 但是,这些早期的具有国有性质的工厂在西方

[①] 徐武. 中国国有经济的实现形式和路径选择 [M]. 北京:经济科学出版社,2005:25.
[②] 伍柏麟,席春迎. 西方国有经济研究 [M]. 北京:高等教育出版社,1997:106—113.

自由资本主义快速发展的大背景下所占比例很小,甚至显得有些微不足道。

总的来说,在自由资本主义时期,西方发达国家的国有经济虽然已经萌芽并且事实存在,但由于规模和比例都很小,或是作为国家的财政代理人,或是从一些必需品中收取税收[①],仅仅被当作一种经济成分而存在,几乎不会对整体经济运行产生明显的作用和功能。

西方国家国有经济的实质性扩张应该开始于19世纪末、20世纪初。工业革命之后,由于铁路、港口、矿山等行业所需资金巨大,私人几乎无力承担,不得不由国家出面投资,此时国有经济开始慢慢发展。其中,第一次世界大战时各国为了应付战争需要,国有经济也曾出现了短暂的快速发展。

世界范围内的国有经济进入大规模扩张时期,其间分别出现了20世纪40年代末、50年代初和70年代两次扩张浪潮。80年代中期之后,国外国有经济的发展开始进入收缩和调整时期。因此,我们以第二次世界大战为分界线,来探讨其之前和之后国外国有经济布局和结构调整的轨迹。

一、第二次世界大战之前国外国有经济布局和结构调整的轨迹

第二次世界大战之前国外国有经济主要出现过两次扩张,第一次是在19世纪末、20世纪初,第二次是在"大萧条"期间。这一时期主要是西方发达国家出现了国有经济的发展,以下就分国别来讨论各个国家在此期间国有经济布局和结构调整的轨迹变化情况。

(一)英国

作为工业革命的发祥地,英国近现代经济的发展过程往往被看作资本主义社会的标准模式。虽然早在1657年英国就成立了邮政总局

---

① 伍柏麟,席春迎. 西方国有经济研究 [M]. 北京:高等教育出版社,1997:3.

并以此来经营全国的邮政业务,但实际上直到第一次世界大战之前,英国国有经济的规模都还很小,其间政府也仅仅是对伦敦港务局和电讯部门实施了国有化。

第一次世界大战爆发后,为了应对战争需要,英国政府加强了国家对经济的干预,组建了一批经营煤矿、铁路、船队、建筑和买卖食糖、粮食等的国有企业。① 英国的国有经济在此期间出现了短暂快速的发展,并在经济中占据了一定的规模,但随着战争的结束,这些国有企业也随之消失或转卖给私人。

20世纪30年代爆发的大危机蔓延到英国后,虽然对英国的影响较对美国、德国等要小,但也造成了不小的冲击。为此,英国政府加强了国家在公路、铁路、电力等公共事业方面的控制,并于1934年实行了石油的国有化。② 1930—1940年,英国政府又对帝国航空公司实行了国有化,还成立了英国海外航空公司。③ 到第二次世界大战之前,英国已经在邮政、运输、电讯、电力、石油等领域形成了一定规模的国有经济。④

(二) 法国

同英国一样,作为老牌的资本主义国家,法国国有经济的产生历史也很长。路易十四时期法国政府开始表现出干预工商业甚至是主办的欲望,当时政府就创办了制造织毯和肥皂等的手工业工场;1842年法国铁路法规定国家掌握铁路建设的规划、土地征用和地面、车站建设,私人可参与铁轨等部分设施的修建,但政府对其设置营业期限,经营期满后无偿收归国有。⑤ 19世纪法国政府还相继对烟草和火柴实行国家所有制,并进行专营;20世纪初又建立了酒精生产行

---

① 伍柏麟,席春迎. 西方国有经济研究[M]. 北京:高等教育出版社,1997:107.
② 高德步. 世界经济通史(下卷)[M]. 北京:高等教育出版社,2005:31.
③ 张敏. 论英国国有企业的经营与管理[J]. 欧洲,1996(5):62—71.
④ 陈鸿. 国有经济布局[M]. 北京:中国经济出版社,2012:65.
⑤ 高德步,王珏. 世界经济史[M]. 北京:中国人民大学出版社,2005:287.

业。① 总的来看，直到第一次世界大战前，法国国有经济主要分布于烟草、火柴、铁路邮局、兵工等行业②，国有财产在国民财富中还不到10%。③

第一次世界大战期间，法国因战争需要也将军工、运输、钢铁和粮食等部门的企业进行政府控制。第一次世界大战后，法国除了对德国交还的铁路实行国有化政策，还在工业部门中通过不固定的法律形式实行国家管理，并成立了一批行政机构性质的混合经济组织。④ 但实际上直到"大萧条"之前，法国国有经济的规模也不算大。

大危机爆发后，与其他国家相比，法国遭受冲击的开始时间晚，但政府当局却反应迟钝。直到1936年以勃鲁姆为代表的人民阵线政府上台后，才采取了一系列应对措施，其重点就是加大国有化力度。这次国有化运动主要涉及铁路、航空、金融、军工等行业，包括建立法国国营铁路公司，控制两大飞机制造厂⑤，并实行军火工厂的国有化，还加强了对法兰西银行的控制，以强化国家对经济生活的干预。⑥ 在这一时期，人民阵线政府进行了法国第一次大规模的国有化运动，法国的国有经济真正形成规模。⑦

（三）意大利

跟英、法两国相比，意大利是资本主义的后发国家，在工场手工业时期意大利就有官办工场，当时甚至连罗马的教堂也有官属的制造厂。虽然意大利于1905年就完成了铁路系统的国有化，1912年和

---

① 叶祥松. 法国国有企业管理体制资料［A］//顾宝炎. 国外国有企业的管理和改革. 北京：中国人事出版社，1999：268.
② 刘中露. 法国国有企业的发展及其管理［A］//顾宝炎. 国外国有企业的管理和改革. 北京：中国人事出版社，1999：250.
③ 叶祥松. 法国国有企业管理体制资料［A］//顾宝炎. 国外国有企业的管理和改革. 北京：中国人事出版社，1999：268.
④ 伍柏麟，席春迎. 西方国有经济研究［M］. 北京：高等教育出版社，1997：110.
⑤ 谢礼珊. 法国国有企业的现状与管理特点［A］//顾宝炎. 国外国有企业的管理和改革. 北京：中国人事出版社，1999：243.
⑥ 高德步. 世界经济通史（下卷）［M］. 北京：高等教育出版社，2005：34.
⑦ 杨洁勉. 战后西欧的国有经济［M］. 上海：上海外语教育出版社，1988：68.

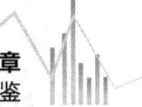

1926年又分别完成了人寿保险业和电话服务业的国有化[1]，但是一直到20世纪20年代末，意大利国有经济在整体经济中所占的比重都较小，影响力和作用也很有限。

到了"大萧条"时期，意大利国有企业的地位和作用才发生了根本性的变化。[2] 为了挽救受大危机冲击而相继倒闭的意大利商业银行、信用公司、罗马银行，意大利政府于1933年成立了国有的工业复兴公司——伊利公司（IRI），作为三家银行的控股公司。[3] 随后，意大利政府又通过伊利公司掌握了一系列的工业企业，开始广泛地参与社会经济活动。此时意大利的国有经济规模空前，并成为国家调控经济的重要工具和手段。

（四）德国

德国作为后来居上的资本主义国家，其国有经济也经历了较长的历史过程，直到1871年德意志帝国建立后才出现了实质性的发展。俾斯麦上台之后，德国开始分阶段实行铁路的国有化，到1900年，国家已拥有全部铁路的96%，占绝对控制地位。[4]

第一次世界大战前后，德国政府为了战争需要在采矿、制盐、燃料、化学、冶金等部门建立了许多国有企业。在第一次世界大战前，德国政府已拥有44个最大的矿山、12个大钢铁企业、24%的发电设备以及20%的制盐生产，国家还经营着80%以上的铁路。[5] 20世纪20年代，德国又在组建国有企业的基础上成立了许多大型康采恩，据统计，1929年德国国有企业职工占全国职工总数的比重为12%～14%。[6]

"大萧条"时期，为了应对经济大危机，德国政府又相继收购了一些私人企业，1933年希特勒上台后新建了一批国有企业，使政府

---

[1] 严汉平等. 国有经济逻辑边界及战略调整 [M]. 北京：中国经济出版社，2007：134.
[2] 伍柏麟，席春迎. 西方国有经济研究 [M]. 北京：高等教育出版社，1997：113.
[3] 陈鸿. 国有经济布局 [M]. 北京：中国经济出版社，2012：66.
[4] 高德步，王珏. 世界经济史 [M]. 北京：中国人民大学出版社，2005：293-294.
[5] 刘中露. 德国国有企业的发展与管理 [A] //顾宝炎. 国外国有企业的管理和改革. 北京：中国人事出版社，1999：348.
[6] 伍柏麟，席春迎. 西方国有经济研究 [M]. 北京：高等教育出版社，1997：114.

控制了全部的铁路和大部分的能源、钢铁和机械制造业企业，德国的国有企业在此期间有了较大的发展。

（五）美国

美国跟西欧国家有所不同，历来奉行的是自由市场经济的"小政府"政策，直到20世纪30年代之前，人们对于政府干预经济的任何政策都会表示怀疑。1789年根据宪法建立的邮政事业是美国最早的联邦企业，南北战争之后美国政府不仅实施了土地国有，还开始以资本家集团代表的角色进入生产领域；第一次世界大战期间，美国政府跟其他欧洲资本主义国家一样也建了一批国有企业，主要涉及经营商船、建筑、房屋租赁、食糖和谷物贸易等商业活动，战争结束后，这些企业也随之转变为私人性质。①

大危机爆发后，虽然通过"罗斯福新政"，政府对经济的干预和调节为应对危机取得了显著成效，除了对全国银行进行控制和管理，也成立了复兴金融公司、住宅所有者贷款公司等国有企业挽救危机部门，但无论是共和党还是民主党，在国有化问题上都持反对态度。因此，直到第二次世界大战前，美国的国有经济规模都很小。从1929年和1940年美国公营企业在国民收入中的比重就可以看出这一点，其占国民收入的比例都维持在1%的低水平。

表4-1　1929年和1949年按法定组织形式划分的美国国民收入比例

单位：%

年份	（1）工商业	（2）公营企业	（3）一般政府	（2）+（3）
1929	91	1	5	6
1940	88	1	10	11

资料来源：[美]保罗·R.格雷戈里，罗伯特·C.斯图尔特.比较经济体制学[M].上海：上海三联书店，1988：218.

（六）俄国

相较于西方主要资本主义国家，俄国走上资本主义道路的时间较

---

① 叶祥松.美国国有企业管理体制给我们改革的启示[J].东疆学刊，1996（3）：28—31.

第四章 国外国有经济布局结构调整的历史考察及经验借鉴

晚。一方面，由于其起步较晚，整体经济力量较弱，无法与其他资本主义国家竞争；另一方面，俄国资产阶级主要由富农、工场主、投机家等组成，企业家阶层匮乏。加之俄国专制主义的传统，国家力量成为推动经济发展的重要动力，因此俄国国有经济较一般资本主义国家发展程度高。1897年，俄国国有经济所贡献的财政收入就达到了4.84亿卢布，到1913年更是增加到19.64亿卢布，是1897年的4倍多，在国家财政收入中的比重也由34%提高到60%。①

1917年十月革命胜利后，俄国成立了苏维埃政权，随即宣布全部土地以及矿藏、森林和水源均为国家财产。之后苏维埃政权又接管了旧俄国的国有企业和国营铁路，相继实行了银行国有化，并将私人大企业、私有铁路、大商业企业和其他批发商业组织、一部分零售商店、外贸企业等收归国有，并没收了1.4万只内河船舶和2476艘远洋船舶。②

苏维埃政权成立后，立即受到帝国主义国家的武装干涉，国内的反动势力也趁机掀起武装叛乱，在严峻的经济困难面前，苏维埃政府不得不采取"战时共产主义政策"。在此期间，在十月革命后实施国有化的基础上，进一步将中型工业企业和大部分小工业企业收归国有；对私人零售商店实行市有化，并扩大商品专卖的范围，组织消费公社供应日用消费品；同时还广泛组织农业公社、国营农场等。③ 实际上到苏联成立前，苏俄政府就已经基本完成了除农业外的其他领域的社会主义改造，并在此基础上初步建立了公有制经济，为苏联之后的社会主义工业化奠定了基础。

经过国有化、合作化和集体化，在20世纪30年代中期，苏联的私有制经济基本被消灭，社会主义公有制经济全面建立，形成公有制经济一统天下的格局。到1937年，苏联整个公有制经济占国民收入的99.1%，占工业总产值的99.8%，占农业总产值的98.5%，占商

---

① 高德步，王珏. 世界经济史 [M]. 北京：中国人民大学出版社，2005：295.
② 高德步. 世界经济通史（下卷）[M]. 北京：高等教育出版社，2005：193.
③ 高德步. 世界经济通史（下卷）[M]. 北京：高等教育出版社，2005：195.

业零售总额的 100%。①

（七）日本

日本是唯一一个在第一次世界大战前完成工业化的东方国家，其近代发展始于 19 世纪末的"明治维新"。国家的力量在日本工业化过程中起到了至关重要的作用，明治初年的日本企业几乎都是"官企合一"。这些企业主要分布在与军事工业紧密相关的采矿、冶金、化工、机械制造等行业，如 1868 年接收幕府关口制造所改办的东京炮兵工厂以及同年创办的横须贺海军工厂、1870 年创办的大阪炮兵工厂、1871 年改革创办的海军兵工厂和赤羽工作分局等，此外还成立了矿山局专门负责官营矿山开矿事宜。②

由于这些官营企业的低效率使得政府财政状况恶化，明治政府断然放弃官营主义政策，改为"民办官助"，还把原来的部分军工厂之外的官办工厂出售给私人经营。这些官营企业的处理价格十分低廉，并且条件优惠，如长崎造船厂投资 62 万日元，而出售给三菱仅为 9.1 万日元的低价。③

进入 20 世纪，日本又开始出现国有化高潮，如 1904 年开始实行烟草专卖制度，1906 年又将民营铁道公司和电信电话企业收归国有。④ 由于军国主义和对外扩张政策，此后日本又建立了诸多国有企业。到 1935 年，日本的国有企业掌握了全国财富的 30%～40%，主要分布在军事工业、电信电话、交通运输、钢铁、电力等领域。⑤

（八）小结

总体来看，第二次世界大战前，除俄国外，国外国有经济布局和结构调整呈现出"扩张—收缩—扩张"的轨迹。虽然各国第一次扩张

---

① 高德步. 世界经济通史（下卷）[M]. 北京：高等教育出版社，2005：206.
② 高德步，王珏. 世界经济史 [M]. 北京：中国人民大学出版社，2005：315-316.
③ 高德步，王珏. 世界经济史 [M]. 北京：中国人民大学出版社，2005：316.
④ 刘毅. 日本国有企业的股份公司改造 [J]. 日本研究，2002 (4)：1-7.
⑤ 符正平. 日本国有企业的改革与管理综述 [A] //顾宝炎. 国外国有企业的管理和改革. 北京：中国人事出版社，1999：290.

的时间不尽相同，但各国国有经济的收缩期几乎都出现在第一次世界大战之后，20世纪30年代"大萧条"时期后又开始呈现扩张趋势。

从第二次世界大战前国外各国国有经济分布的领域来看，主要是在基础设施产业、基础工业、公共事业及自然垄断行业等（见表4-2）。

表4-2　20世纪40年代前国外主要国家国有经济分布领域

国家	分布领域
英国	邮政、广播、电讯、电力、石油、航空
法国	铁路、邮政、航空、金融、军事工业
意大利	铁路、银行、通讯、石油
德国	铁路、采矿、能源、化工、钢铁、制造
日本	军事工业、电信、铁路、钢铁、电力

二、第二次世界大战期间及其之后国外国有经济布局和结构调整的轨迹

第二次世界大战及其之后，国外国有经济的发展先是通过第二次世界大战期间和战后的多轮扩张，到20世纪80年代初到达了各国国有经济发展历史的最高点，随后由于私有化浪潮的掀起又经历了持续多年的收缩。在此过程中，发达国家、转轨国家和发展中国家的轨迹呈现出不同的特点。

（一）发达国家

1. 英国

第二次世界大战期间，跟第一次世界大战期间一样，英国为了战时需要建立了一批军用企业，并将一些重要企业收归国有。但这些为了战争需要而国有化的企业总体来说规模不大，大部分在战后就消失了。

第二次世界大战之后，英国才真正迎来其国有经济发展的高潮。

1945年7月工党在大选中获胜，为了促进英国经济复兴，开始实施以国有化为主要内容的民主社会主义政治纲领。同年年底，议会通过大英银行国有化法案，建立了英国历史上第一个国家银行；1946年又开始实施煤炭工业国有化，并建立了煤炭工业管理局统筹运营；1947年8月后，政府又先后在铁路运输、电力、航空、电讯等部门推行国有化；1951年排除巨大阻力实现了冶金工业的国有化。① 截至1955年，英国国有企业人口占全国自然人口的比例和国有企业固定资本投资占全国的比例分别从1938年的4%和1.5%上升到14.7%和20%。②

1964年工党再次上台后，英国开始迎来战后的第二轮国有经济扩张。1967年政府将钢铁企业重新国有化，并把部分港口收归国有；1974年政府又提出把开发的土地收归国有，建立了英国国家石油公司，并将造船和飞机工业国有化，同时还由国家所有和管理私人商业港口及运货设备；1975年又成了国家企业局，代表国家对工业进行投资。③

到1979年撒切尔夫人执政前，英国国有经济经过两轮扩张已经初具规模。1978年，英国国有企业产值占国内生产总值的11.1%，国有企业雇员人数占全国雇员总数的8.2%，国有企业固定资本投资占全国固定资本投资的15.9%。④ 国有企业在煤炭、造船、电力、煤气、铁路、邮政、电讯等部门比重达100%，在钢铁和航空部门达75%，汽车制造和石油部门也达到了50%和25%。⑤

1979年上台的撒切尔政府为了挽救英国经济衰落的颓势，采取了一系列振兴经济的政策，其中就包括大规模推行国有企业的私有化。当时英国的国有企业效率低下，平均成本更是高出私人企业40%。英国私有化的范围最开始固定在石油、宇航、电信等行业，从

---

① 高德步. 世界经济通史（下卷）[M]. 北京：高等教育出版社，2005：134—135.
② 杨洁勉. 战后西欧的国有经济[M]. 上海：上海外语教育出版社，1988：55.
③ 高德步. 世界经济通史（下卷）[M]. 北京：高等教育出版社，2005：135.
④ Curwen, Peter J. (1986). Public enterprise: A modern approach. New York: St. Martin's Press. p. 21.
⑤ 高德步. 世界经济通史（下卷）[M]. 北京：高等教育出版社，2005：135.

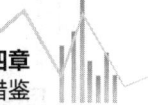

1988年开始扩大到几乎所有部门,到1991年,英国超过一半以上的公共部门实行了私有化,国有经济部门产值占全国总产值的比重从1979年的9%下降到不足5%。① 到21世纪初,仅仅剩下英格兰银行、BBC公共频道和英国邮政3家②,此时英国国有企业产值只占到GDP的2%,国有经济的规模和范围都大幅收缩。③

2. 法国

法国的国有经济比例跟其他西方国家相比一直较高,20世纪30年代中期开始的国有化浪潮更是奠定了第二次世界大战之后法国经济复苏的基础,但与英国不同的是,几乎直到90年代法国国有经济都一直在扩大。

1945年法国又开始了新一轮的国有化运动,政府相继对法兰西银行和四大商业银行、34家保险公司实行了国有化,还控制了汽车制造、电力、煤气等部门85%的资本,电讯、保险、铁路、航空、海运、飞机制造等部门的国有资本也超过了1/3;到1946年年底,工商业中政府所占比重超过了50%。④ 此后,法国的国有化继续向其他部门扩展。到20世纪70年代末,国有独资企业达到150余家,政府持股30%以上的更是超过了1000家。⑤ 截至密特朗上任前,法国国有企业占全国固定资产的20%,占国内生产总值的12%。⑥

20世纪80年代初,密特朗政府开始进一步扩大国有化,并对五大工业集团实行国有化,战后第二轮国有化高潮由此在法国掀起。此轮国有化除涉及基础工业和重化工业外,还包括纺织、造纸、建材等传统制造部门,以及电子、原子能等新兴行业,甚至还涉及航空、信

---

① 高德步. 世界经济通史(下卷)[M]. 北京:高等教育出版社,2005:142-143.
② 陈鸿. 国有经济布局[M]. 北京:中国经济出版社,2012:78.
③ 资料来源:2004年CEEP统计报告.
④ 高德步. 世界经济通史(下卷)[M]. 北京:高等教育出版社,2005:145.
⑤ 傅艳. 关于80年底以来法国国有企业变迁的思考[J]. 世界经济与政治,1995(1):29-31.
⑥ 徐达深. 密特朗政府的经济政策[M]. 北京:世界知识出版社,1984:69.

息技术、新材料、生物工程等高新技术领域。① 在此之后，法国政府控制了全国飞机制造业营业额的 84%、钢铁工业的 80%、化纤工业的 75%、军火工业的 74%、有色金属加工工业的 66%、化学工业的 52%、电子工业的 52%。②

但此后国有企业效率低下的弊端也开始显现。20 世纪 90 年代，以法国电力公司、法国煤气公司、法国国营铁路公司等为代表的法国国有企业营业总额为 2000 亿欧元，自有资金为 500 亿欧元，但债务却高达 1500 亿欧元。③ 为此法国政府也采取了一些改革措施，如允许外国私营企业持股、对大型垄断企业进行拆分等，此外也推行了国有企业的私有化。

20 世纪 80 年代中期到 90 年代初之间，法国的私有化几经波折，直到 1993 年才重新开启，并在 1993—2000 年形成高潮，但规模远不及英国。在此期间，法国政府出售了超过 1000 亿美元的国有企业资产，到 2002 年年底，法国国有企业产值占 GDP 的比重为 11%，较 1976 年下降了 2%。④

3. 意大利

第二次世界大战之后，意大利的国有经济继续扩大。为了加速工业经济的发展，意大利政府先后组建了国有埃尼（ENI）公司和埃菲姆（EFIM）公司，并于 1957 年在中央政府设立"国家参与部"。此后，随着电力公司的国有化，意大利国有企业的国家参与体系基本形成，这个体系以 IRI、ENI、EFIM 三大国有控股公司为核心，还包括大量的自治公司和市政企业。各类国有企业掌握了意大利全国的干线铁路以及电力部门，还提供了全国钢产量的 50%、生铁产量的 100%、造船能力的 90%、碳化氢能源供应的 43.6%。⑤ 1976 年，意

---

① 高德步. 世界经济通史（下卷）[M]. 北京：高等教育出版社，2005：151.
② 魏礼群，戴桂英，贾康，毕礁出. 市场中的国有企业：法、韩、意国有企业运作模式 [M]. 北京：人民出版社，1992：6.
③ 高德步. 世界经济通史（下卷）[M]. 北京：高等教育出版社，2005：154.
④ 资料来源：1978 年和 2004 年 CEEP 统计报告.
⑤ 伍柏麟，席春迎. 西方国有经济研究 [M]. 北京：高等教育出版社，1997：113.

大利国有企业产值占 GDP 的比重为 24%，直到 1992 年这一比重都比较稳定，意大利整个国有经济的分布范围也无大的变化。①

虽然从 20 世纪 70 年代一直到 90 年代初，意大利由于国有企业效率低下，亏损连连，也进行了改革，包括出售了伊利公司和埃尼公司的部分资产，但意大利国有经济的大规模收缩出现在 1993 年"国家参与部"被取消之后。② 私有化首先是在竞争性领域的国有企业中进行，随后扩大到公共服务领域和垄断行业。到 2002 年年底，意大利国有企业产值占 GDP 的比重约为 7.9%，还不到 1976 年的 1/3。③

4. 美国

第二次世界大战战前和战争期间，美国为了战时需要建立了 2600 多家大型国有工业企业，主要分布于军火、机械制造、化工、合成橡胶、电力等部门。④ 战后美国又将这些国有企业陆续转卖给私人，到 1954 年年底，在战后曾经移交给联邦经济总署的 154 个工厂出售了 101 个，还有 36 个被出租。⑤ 因此，美国国有经济的比例一直都很小，到了 1979 年，公营企业所创造的国民收入也只占全部国民收入的 1.5%，仅比 1940 年增加了 0.5 个百分点。

表 4-3 1940 年和 1979 年按法定组织形式划分的美国国民收入比例

单位：%

年份	（1）工商业	（2）公营企业	（3）一般政府	（2）+（3）
1940	88	1	10	11
1950	88	1	9	10
1960	85	1	11.5	12.5
1970	81	1.5	14	15.5

---

① 陈鸿. 国有经济布局 [M]. 北京：中国经济出版社，2012：70.
② 中国改革论坛. 20 世纪 70 年代以来的意大利国有企业改革 [J]. 中外企业文化，2006 (5)：24—25.
③ 资料来源：1978 年和 2004 年 CEEP 统计报告.
④ 鲁天鑫. 国外国有企业改革路径的考察及启示 [J]. 技术经济与管理研究，2006 (3)：86—88.
⑤ 高德步. 世界经济通史（下卷）[M]. 北京：高等教育出版社，2005：118.

续表4-3

年份	(1) 工商业	(2) 公营企业	(3) 一般政府	(2) + (3)
1979	81	1.5	12.6	14.1

资料来源：[美] 保罗·R.格雷戈里，罗伯特·C.斯图尔特. 比较经济体制学 [M]. 上海：上海三联书店，1988：218.

相对于联邦政府经营的行业仅限于邮政等领域，在美国州和地方一级，自然垄断行业的国有化反倒更为普遍，比例相对较高，州和地方所有并经营大部分的市政服务设施。[1]

1981年里根上台后面对严重的通货膨胀和经济衰退，也开始整顿数量本来就很少的国有企业。其举措包括拍卖部分共有土地，出售电力销售机构、海军石油储备和铁路客运系统等的国有资产。[2] 仅1988—1992年，美国联邦政府出售的国有资产和削减的各项补助金就达250亿美元。[3]

在此之后，美国的国有经济改革仍在继续，近些年的私有化主要涉及航空航天、海岸警备和国防部所属单位，仅1995—2000年美国国防部就完成了550项私有化改造。[4] 目前，美国国有企业产值占工业总产值的比重在5%左右，占国民生产总值的比重在1%左右。[5]

5. 日本

第二次世界大战后，虽然日本之前在军工、钢铁和重化工等领域建立的官营企业在"非军事化"和"民主化"改革中被强制改造为民营性质，但大量的官营企业依然存在于公共服务领域和自然垄断行业，并在逐渐扩张。到1978年，日本政府兴办的国营企业已有116个，分布于建筑、运输、邮电、港口、航空、广播电视、金融等

---

[1] 高德步. 世界经济通史（下卷）[M]. 北京：高等教育出版社，2005：118.
[2] 伍柏麟，席春迎. 西方国有经济研究 [M]. 北京：高等教育出版社，1997：186.
[3] 佟福全. 西方国有企业改革方式的比较及其共同规律性 [J]. 世界经济，1998（1）：22-26.
[4] 纪玉山，贾成中等. 竞争性领域国有经济战略性改组研究 [M]. 北京：科学出版社，2009：53.
[5] 陈鸿. 国有经济布局 [M]. 北京：中国经济出版社，2012：91.

领域。①

随着以"三公社五现业"（三公社指日本国有铁道、日本电信电话公社、日本专卖公社，五现业指邮政、林业、纸币及票证印刷、造币、酒类专卖）为主体的公营和特殊法人体制的完善②，1979年日本对国有企业的投资占到全国总投资比重的20%，国有经济占国民经济的比重为11%。③

实际上从20世纪80年代初开始，由于国有企业经营的恶化，日本政府也着手对国有企业进行调整。调整的内容主要是对"三公社"进行改革，将其改制为股份公司，对地方国有企业则基本没有涉及，因此直到1994年，日本地方政府经营的公营企业都还有10035个。④这也是改革后日本国有企业投资呈下降趋势，总资产却反而上升的原因之一（见表4—4）。

表4-4　1985—2002年日本企业资产和投资占整个国民经济的比重

单位：%

年份	总资产	总投资
1985	8.6	8.2
1990	9.3	5.2
1995	13.6	7.5
2000	16.0	6.0
2002	16.2	5.7

资料来源：根据日本《国民经济计算年报》1987年版和2004年版有关数据计算整理。

（二）转轨国家

20世纪90年代，随着苏联的解体和东欧剧变，以俄罗斯为代表

---

① 郑春成. 当代资本主义国有经济述论 [J]. 厦门大学学报（哲社版），1990（1）：62-67.
② 刘毅. 日本国有企业的股份公司改造 [J]. 日本研究，2002（4）：1-7.
③ 迈博罗达. 当代资本主义：所有制·管理和权力 [M]. 南京：江苏人民出版社，1984：122-123.
④ 堀江正弘. 日本公营企业的改革 [A] //陈建安. 日本公有企业的民营化及其问题. 上海：上海财经大学出版社，1996：15.

的原苏联加盟共和国和东欧各国普遍开始经济体制转轨,从公有制在国民经济中占绝对优势(见表4-5)和国家垄断各项经济活动转向稳定化、私有化和自由化。① 在此过程中,各国国有经济产出占GDP的比重也急剧下降。

表4-5 1988年苏联及东欧各国国有经济占国民收入的比重

单位:%

国家	占国民收入的比重
苏联	92.7
原捷克	94.7
保加利亚	92.8
匈牙利	81.4
原民主德国	87.3
波兰	80.5
罗马尼亚	87.8

资料来源:鲁天鑫. 国外国有企业改革路径的考察及启示[J]. 技术经济与管理研究,2006(3):86-88.

1. 俄罗斯

1992年年初,俄罗斯的经济改革正式开始实施,"休克式"经济转轨战略拉开序幕,其中最重要的内容之一就是进行国有企业的私有化改革。俄罗斯国有企业私有化改革前后共历时十多年,主要经历了小私有化(1992—1993年)、证券私有化(1992年7月—1994年6月)、货币私有化(1994年7月—1996年12月)和个案私有化(1997年开始)四个阶段。② 1996年,俄罗斯非国有工业企业占企业总数的95.6%,占工业产品生产总量的89.6%,占工业职工总数的84.7%。③ 到20世纪90年代末,俄罗斯非国有经济在GDP中的比重

---

① 高德步. 世界经济通史(下卷)[M]. 北京:高等教育出版社,2005:251.
② 陈春,张军容. 俄罗斯国有企业改革的历程与启示[J]. 台声·新视角,2005(12):273-274.
③ 曹士海. 中俄经济制度改革的若干比较——经济学家程恩富教授访谈[J]. 嘉应大学学报(哲学社会科学),1999(5):19-22.

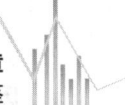

已经超过 70%，同时也形成了以私有制为主体，个体、私营、集体、外资、股份制和国有经济多种所有制共同发展的局面。① 截至 2001 年年底，俄罗斯国有企业只占到企业总数的 4.3%，公共所有制企业占 6.4%，私有企业占 75.8%，混合所有制企业和外资企业占 6.8%。②

但 2004 年以来，俄罗斯国民经济的主要行业又开始出现国有化倾向，涉及包括军工、重型机械、汽车、核能、矿产开采、海洋运输、机场、造船、金融等在内的诸多行业，如政府对石油的控制率由此达到了 31%。③

2. 匈牙利

东欧国家在经济改革中也全面实施了以私有化为特征的"休克"疗法。在东欧国家中，匈牙利的私有化改革是进展最快、范围最广的，也是较为成功的。1989 年匈牙利剧变后，其私有化改革的大幕开始从小企业改造拉开。到 1994 年年底，匈牙利私营经济占国民生产总值的比重就已过半。④ 1994 年之后，匈牙利开始实施更大范围的私有化，涉及石油、煤气、电力、军工、银行等部门。不过在军工企业的私有化中国家保留了 50% 的股份，之后匈牙利政府又出售了国家广播电视公司中的两个电视台，至此整个私有化改革最终完成。⑤

但是由于匈牙利大部分国有企业的私有化并没有限制购买对象，因此，在匈牙利的私有化改造过程中，无论是大型的国有工商业企业和国有商业银行，还是不宜被外资控制的电力、民航、通讯等部门，其购买者几乎都为外国公司和财团，导致西方资本控制了其经济

---

① 高德步. 世界经济通史（下卷）[M]. 北京：高等教育出版社，2005：252.
② 林跃勤. 俄罗斯经济改革和独联体发展前景——2002 年秋季访俄报告 [J]. 经济学动态，2003（1）：51—54.
③ 赵秋艳. 浅析当前俄罗斯经济中的"新国有化"趋势 [J]. 俄罗斯中亚东欧市场，2006（7）：13—16.
④ 鲁天鑫. 国外国有企业改革路径的考察及启示 [J]. 技术经济与管理研究，2006（3）：86—88.
⑤ 高德步. 世界经济通史（下卷）[M]. 北京：高等教育出版社，2005：255.

命脉。①

(三) 发展中国家

第二次世界大战之后,民族独立和民主解放运动蓬勃兴起,广大发展中国家在取得经济独立后,为了振兴民族工业,加快经济发展,先后实施了国有化政策。除了通过征用、没收或补偿等办法把外资企业国有化,发展中国家更多的还是通过政府投资兴建一批国有企业的方式来实现国有经济的进一步发展。② 发展中国家的国有企业多集中在金融、交通、能源、钢铁等关系经济命脉的基础部门,对这些部门的控制为国家的经济独立和发展奠定了基础,加速了发展中国家的工业化进程。③ 20世纪70年代初,发展中国家的国有企业占其GDP的比重平均为7%,70年代末上升为10%,大部分发展中国家介于7%~15%,比发达国家平均高出5%。④ 但由于发展中国家数量众多,且历史背景和国际环境不同,其国有经济的布局与结构也大不相同。

1. 阿根廷

阿根廷是拉丁美洲发展中国家中独立较早、工业化也较早的国家之一,第二次世界大战之前其国有经济就有了一定的基础。战后,为了加速工业化,阿根廷再度大力推行国有化政策,在不到10年的时间里,阿根廷的国有工业企业就从466家猛增到1478家,20世纪70年代其国有企业营业额占全国营业总额的比重分别为:钢铁37%,造船45%,石油化工82%,电力、煤气、电话95%。⑤ 国家基本控制了钢铁、石油、电讯、海运等重要经济部门,1958—1980年,阿根廷国有企业的投资占投资总额的比重年平均为34.1%,显著高于

---

① 于德宝. 匈牙利经济转轨造成的严重问题 [J]. 经济研究参考,2006 (63): 39.
② 高德步. 世界经济通史 (下卷) [M]. 北京: 高等教育出版社,2005: 260—262.
③ 高德步. 世界经济通史 (下卷) [M]. 北京: 高等教育出版社,2005: 262.
④ 张其佐. 发展中国家的国有经济研究 [J]. 四川大学学报 (哲学社会科学版),1990 (4): 14—19.
⑤ 肖海泉,金培,刁振飞. 发展中国家经济发展战略研究 [M]. 南京: 南京大学出版社,1988: 61.

同期发达国家。①

阿根廷大多数国有企业经济效益差、亏损严重,致使政府入不敷出,随着 20 世纪 80 年代末阿根廷整体经济的严重恶化,政府开始实施国有企业私有化。事实上,在 70 年代中后期,阿根廷政府就开始实施小企业的私有化,但进展缓慢。阿根廷国有经济迎来大规模调整是从 1989 年开始的,并且是以大型国有企业的私有化拉开序幕的。阿根廷政府先后出售了电信、石油、航空、公路、铁路、能源、钢铁、水电、邮电、机场等部门和领域的国有企业,到 1999 年,国家掌握的仅剩下国家银行、造币局、核电站、亚西雷塔水电站和电视七频道等少数企业,阿根廷国有企业的布局发生了根本变化。②

2. 印度

1947 年印度独立之后,就明确制定了国家实现工业化的发展战略是推行以国营经济为主、国营经济与私营经济并存的混合模式,并将工业体系划分为四类:国家占有和垄断经营的工业、只有国家才可以建立新企业的工业、私人可以经营但政府实行计划控制的工业和私人资本可以自由经营的工业。③ 到 20 世纪 80 年代中期,铁路、航空、港口、邮电、军工、保险、石油天然气、煤炭等部门已被印度政府垄断,而在钢铁、有色金属、基础化工、重型机械和银行等部门政府也居主导地位,国有资本在 GDP 中的比重由 20 世纪 60 年代初的 10.9% 上升到 20% 以上。④ 直到 90 年代初,印度国有经济在矿业、公用事业、铁路、邮电、金融等部门所占的比重都依然高达 90%。⑤

与此同时,国有企业效率低下、竞争力缺乏的弊病也逐渐暴露,虽然从 1991 年开始印度加快了从 20 世纪 80 年代中期开始的经济改革的步伐,包括扩大私人和外资可投资的领域、推行国有企业的私有

---

① 张其佐. 发展中国家的国有经济研究 [J]. 四川大学学报(哲学社会科学版), 1990 (4): 14—19.
② 方旭飞. 阿根廷国有企业私有化 [J]. 拉丁美洲研究, 2004 (6): 20—25.
③ 高德步. 世界经济通史(下卷)[M]. 北京: 高等教育出版社, 2005: 277.
④ 周茂清. 发展中国家国有经济的发展 [J]. 世界经济与政治论坛, 2002 (5): 4—9.
⑤ 孙培钧. 中印经济发展比较研究 [M]. 北京: 北京大学出版社, 1991: 30.

化等，但跟前面的改革一样，成效甚微，国有企业的效益并没有好转。1997—1998年，印度全国国有企业净利润为1371.99亿卢比，但亏损额就高达655.94亿卢比；1998—1999年，全国国有企业净利润为1323.46亿卢比，亏损额更是激增至927.42亿卢比。[①] 2000年之后，印度国有企业改革进一步深化，如通过划分战略性（包括与国防设备、飞机舰船有关的产品、原子能、铁路运输）和非战略性（除战略性领域之外的其他）企业来扩大私有化的范围。[②]

截至目前，印度国有企业的改革仍在不断推进，但印度政府将国有企业视为吸纳就业的重要途径的主张并没有改变。[③]

（四）小结

第二次世界大战之后，发达国家国有经济布局与结构的演变是具有代表性的。从发达国家来看，战后基本都迎来了国有经济的大规模扩张，这种趋势几乎一直持续到20世纪80年代，此时各国的国有经济在铁路、电力、煤气、石油、航空、邮政、电信、钢铁等领域占据主导地位，甚至是垄断地位；而后由于各种经济矛盾的爆发国有经济开始走向私有化，但各国私有化开始的先后和程度却有所不同。

这整个过程又以西欧的英国、法国、意大利三国最为典型。随着第二次世界大战后国有经济的持续扩张，到20世纪70年代末，三国国有经济占GDP的比重都曾超过12%，意大利更是达到24%；到了21世纪初，由于80年代到90年代的私有化改造，三国国有经济的比重都出现了下降，只是下降的幅度大小不一（见表4—6）。

[①] 杨文武. 经济全球化与印度国有企业改革 [J]. 南亚研究季刊，2001（4）：1—6.

[②] 李俊江，何枭吟. 印度国有企业改革及其绩效 [J]. 河南机电高等专科学校学报，2005（2）：1—4.

[③] 严汉平等. 国有经济逻辑边界与战略调整 [M]. 北京：中国经济出版社，2007：148.

表4-6　1976年和2002年英、法、意国有经济产值占GDP、投资和就业的比重

单位:%

国家	1976年			2002年		
	GDP	投资	就业	GDP	投资	就业
英国	12	26	8	2.0	2.5	2.4
法国	13	21	10	10.9	12.8	9.8
意大利	24	47	24	7.9	9.0	7.1

资料来源：根据1978年和2004年CEEP统计报告相关数据整理计算。

转轨国家在苏联解体和东欧剧变之前，其国有经济都处于绝对统治地位，是各国的国民经济的核心。随着经济体制转轨的开始，转轨国家的国有经济在短时间内开始大幅收缩（见表4-7）。由于转轨国家国有经济的收缩几乎在所有行业和领域中进行，在此过程中甚少考虑过产业选择问题，这就导致了部分国家在转轨之后失去了对国民经济命脉的掌控。

表4-7　1990年、1995年和1998年独联体及东欧各国国有经济占GDP的比重

单位:%

国家	1990年	1995年	1998年
俄罗斯	95	41	30
波兰	74	42	35
捷克	96	31	25
匈牙利	81	41	20
拉脱维亚	90	42	N/A
立陶宛	88	64	30
罗马尼亚	84	62	40
阿尔巴尼亚	96	40	25
保加利亚	91	64	N/A

资料来源：根据世界银行《1996年世界发展报告》和欧洲重建与开发银行《1998年转轨报告》相关数据整理计算。

发展中国家国有经济的发展是随着第二次世界大战之后，民族独立和民主解放运动的兴起而开始产生或扩大的。由于发展中国家数量

众多、情况复杂，因此在不同地区、不同类型和不同发展基础的发展中国家中，各国国有经济发展和调整的轨迹也相差较大。一般来说，发展中国家的国有经济相对规模大于发达国家，且分布的行业和领域比发达国家要广，但发展中国家国有经济布局和结构调整的大体轨迹跟发达国家是相似的，包括国有经济的比重和行业的演变，只是比发达国家整体滞后10年左右。从区域来看，非洲国家的国有经济相对规模较大，亚洲国家次之，拉丁美洲国家相对较小（见表4—8）。

表4—8　1999年部分发展中国家公营企业附加值占GDP的比重

单位：%

国家	占GDP的比重
智利	8.0
墨西哥	8.4
土耳其	7.2
韩国	10.2
埃及	32.8

资料来源：2001年《私有化年鉴》。转引自严汉平等. 国有经济逻辑边界及战略调整[M]. 北京：中国经济出版社，2007：121.

从总体上看，国外各国国有经济总量规模的变化跟国家的经济发展水平是紧密相连的。一国在工业化初期，由于私人投资有限，为了加速工业化进程，国有经济的比重开始上升，到工业化中期，国有经济所占比重达到最高峰；此后随着私人资本的逐渐壮大和国有经济的弊端开始显现，国有经济所占比重又开始下降；到了以服务业为主导的后工业化时代，国有经济所占比重会下降到一个相对较低的水平（如图4—1所示）。

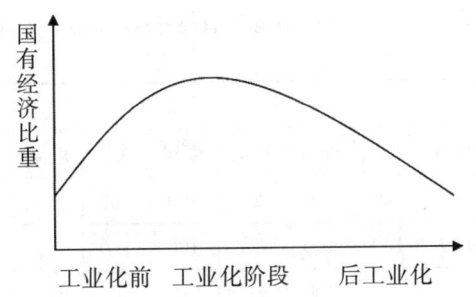

图 4-1 国有经济总量规模与一国经济发展水平的关系

第二节　国外国有经济布局和结构调整的因素分析

从上一节对国外国有经济布局和结构调整的历史考察中，我们得出的更多是有关国外各国国有经济在总量、规模和比例上的规律，而要从中找到对我国新时代国有经济战略性调整的借鉴经验，还需要进一步分析其在调整过程中产业分布的变化情况和调整原因。

一、国外国有经济布局和结构调整中产业分布的变化

为了提高对我国国有经济战略性调整的指导性，这里主要考察20世纪70年代之后发达国家产业分布的变化情况，即当发达国家的国有经济达到历史发展最高峰后进入收缩阶段时其产业分布的变化。

在20世纪70年代末，经过第二次世界大战后几十年的扩张发展，各发达国家国有经济已经在邮政、电信、电力、煤气、石油、煤炭、铁路、航空、汽车、钢铁、造船等产业占据重要地位，甚至是支配地位（见表4—9）。

表4-9 1978年发达国家国有经济的产业分布近似表

单位:%

国家	产业										
	邮政	电信	电力	煤气	石油	煤炭	铁道	航空	汽车	钢铁	造船
英国	100	100	100	100	25	100	100	75	50	75	100
法国	100	100	100	100	—	100	100	75	50	75	0
意大利	100	100	75	100	—	—	100	100	25	75	75
联邦德国	100	100	75	50	25	50	100	100	0	0	25
比利时	100	100	25	25	—	0	100	100	0	50	0
荷兰	100	100	75	75	—	—	100	75	50	25	0
奥地利	100	100	100	100	100	100	100	100	100	100	—
瑞士	100	100	100	100	—	—	100	25	0	0	—
瑞典	100	100	50	100	—	—	100	50	—	75	75
西班牙	100	50	0	75	—	50	100	100	0	50	75
美国	100	0	25	0	0	0	25	0	0	0	0
加拿大	100	25	100	0	0	0	75	75	0	0	0
澳大利亚	100	100	100	0	0	0	100	75	0	0	0
日本	100	100	0	0	—	0	75	25	0	0	0

注:"—"表示数据暂缺。

资料来源:[日]远山嘉博. 现代公企业总论[M]. 东京:东洋经济出版社,1987:121. 转引自伍柏麟,席春迎. 西方国有经济研究[M]. 北京:高等教育出版社,1997:119.

经过私有化浪潮之后,发达国家国有经济的产业分布格局也发生了巨大变化,国有经济逐渐从煤气、煤炭、航空、汽车、钢铁、造船等领域退出。到21世纪初,世界各主要国家国有经济的分布领域已经有了新的格局。这些领域绝大多数都关系到国家安全和经济命脉,包括国防军工、基础设施和基础工业、公共服务、金融等领域。

表4-10 21世纪初国外主要国家国有经济分布领域

国家	分布领域
英国	邮政、银行、广播电视
法国	国防军工、邮政、电力、电信、广播电视、交通运输、燃气

续表4—10

国家	分布领域
意大利	国防军工、邮政、自来水、交通运输、银行、保险
德国	邮政、电信、基础设施、金融、公共服务、交通运输
美国	邮政、军工、电力、铁路客运
日本	邮政、电信、基础设施
俄罗斯	国防军工、石油、铁路、电力
匈牙利	军工、邮政、机场
阿根廷	银行、核电、水电、造币、广播电视

从总体上看，并不存在特定的产业必须由国家经营，也不存在特定的产业绝对不能由国家垄断，而是关系国家安全和经济命脉的产业更容易成为国有经济产业布局的目标。就国家的不同发展程度而言，发展中国家国有经济的产业分布比发达国家广泛得多，发达国家国有经济较少进入的农业和商业领域，发展中国家都有较大比例的国有经济分布其中。造成这种差异的原因除了社会经济制度，主要还是经济发展所处阶段和水平的不同，发展中国家由于经济发展水平较低使得市场机制作用的发挥受到限制，私人部门又由于发展不充分而缺乏资本和人才，致使国家不得不出面替代私人大量地参与经济活动。

二、国外国有经济布局和结构调整的原因

纵观经济史，国外国有经济布局和调整的原因是多方面的，也是复杂的，既有短期的应急需要，又有长期的深远打算。但结合国外国有经济变化的方向，不外乎就是回答国有经济为何扩张和国有经济为何收缩这两个问题。

（一）国外国有经济扩张的原因

1. 国有经济弥补私人投资的不足

国有经济弥补私人投资的不足是国外国有经济最初扩张的主要原

因之一。国外国有经济早期扩张的铁路、电信、电力等领域都属于基础设施产业,具有投资规模大、沉没成本高、投资回收期长的特点,而像邮政、航空、钢铁等也基本属于投资大、成本高、回收期长的产业,而且具有很强的正外部性,在自由竞争的早期资本主义时期,私人一般都无力投资或不愿投资。而这些行业又为国家和社会提供不可或缺的物质保障和产品,此时就不得不由国家在这些领域进行投资以弥补私人投资的不足。

这一点在20世纪30年代的"大危机"时期同样有所表现,"大萧条"所造成的经济衰退使得各国私人资本大量流失,私人投资大幅下降,此时各国政府为了挽救私人企业和维护整体经济的稳定,也不得不扩张国有经济,将私人资本收归国有以代替私人投资的作用。

2. 国有经济维护国家安全

这一点主要体现在国有经济在战前和战争中的扩张。如在第一次世界大战和第二次世界大战时,各国均将军事工业以及与军事工业密切相关的钢铁、制造、冶金、化工等产业纷纷收归国有,并对交通运输、食糖、粮食、能源等进行政府控制,就是出于维护国家安全的考虑。

3. 国有经济促进战后经济恢复

第二次世界大战之后,各国国民经济都受到了严重损坏,如铁路、公路、机场等基础设施几乎全部被毁,而一些重要的基础工业产业如钢铁、煤炭、化工、能源等也遭受了巨大的损失。为了加速这些基础设施和基础工业的恢复重建,战后各国政府也纷纷将这些领域进行国有化,以促进国家经济的恢复。"马歇尔计划"的实施实际上就是政府直接进行社会经济活动,也在一定程度上加速了西欧各国的国有化进程。

4. 国有经济满足政治需要

科学社会主义在19世纪中晚期的传播对世界各国都产生了影响,

而被科学社会主义影响并具有社会主义思想倾向的政党执政的时候，其所在国家的国有经济在某一时期就会出现比较明显的扩张。如在法国，社会党就在其执政的20世纪30年代掀起了第一次大规模的国有化浪潮，到1981年社会党再次上台执政，又掀起了法国历史上规模最大、时间最长、范围最广的一次国有化运动。如在英国，第二次世界大战之后的三次较大规模的国有化浪潮都是在工党执政时期发生的。

（二）国外国有经济收缩的原因

1. 国有经济效率低下

跟私人企业相比，国外国有企业普遍存在管理不善、经济效益差、劳动生产率低、亏损严重等问题，其高生产成本、高运营亏损、低服务质量、低运行效率的弊端已经严重影响到整个国有经济和国民经济的正常运转。20世纪70年代末，英国的国有企业平均成本甚至要高出私人企业40%。[①] 到了80年代，仅1984—1985年英国煤矿、铁路、钢铁业的国有企业就需要高达40亿英镑的国家补贴[②]；1985年法国国有企业亏损更是高达670亿法郎，相当于整个法国工商业利润的2/3。[③]

造成国有企业效率低下的主要原因就是其长期处于独家垄断地位，特别是公用事业领域的国有企业，由于长期缺乏市场竞争，导致其没有来自市场的压力和威胁，从而逐渐失去了对市场变化的灵敏反应，企业的创造力和自我变革能力也逐渐降低。

此外，由于国有企业严重亏损，也使得政府每年都要从吃紧的财政当中拿出巨额资金对其进行补贴，导致政府负担加重并出现严重的财政赤字，甚至还可能成为推动通货膨胀的间接原因之一。因此，国有企业的私有化不仅能引入竞争，提高国有企业的效率，还能为政府

[①] 高德步. 世界经济通史（下卷）[M]. 北京：高等教育出版社，2005：142.
[②] 杨洁勉. 试论西欧国有企业的私有化趋势 [J]. 世界经济，1987（2）：78—84.
[③] 伍柏麟，席春迎. 西方国有经济研究 [M]. 北京：高等教育出版社，1997：183.

甩掉沉重的财政包袱，还可以通过出售国有资产获得额外收入弥补财政赤字，可谓一举多得。

2. 政府经济政策的变化

20世纪30年代到70年代之前，西方发达国家基本奉行的都是凯恩斯主义"需求管理"的经济理论与政策，强调扩大财政赤字、加大政府干预，从而刺激社会投资和消费。但20世纪70年代"滞胀"的出现使得各国不得不重新思考现行的经济政策，并选择新的政策。如在英国，1979年撒切尔夫人执政后就彻底摒弃了凯恩斯主义的经济政策，转而采用弗里德曼的现代货币主义经济理论与政策。推行国有企业私有化便是变化后的现代货币主义经济政策所推崇的重要举措之一。

3. 外部环境的影响

对欧洲各国而言，外部环境的影响首先便是欧盟20世纪80年代以来一直大力推行的经济一体化和市场自由化造成的，特别是1991年《马斯特里赫特条约》通过后，更是对各国的财政赤字和政府公共债务规模进行了限制，并要求欧盟各国减少对经济的干预和管制，如取消对国有企业的补贴、放宽某些基础领域的市场准入等。各国政府履行《马斯特里赫特条约》的直接结果就是收缩国有经济的布局，并对国有企业进行私有化。

苏联解体和东欧剧变也在一定程度上影响了国外各国对政府干预经济和公有制经济的看法，加之此前各国普遍存在的国有经济效率低下问题，也在一定程度上诱使各国收缩国有经济的规模并对国有企业进行私有化改造。

4. 经济发展阶段任务的完成

第二次世界大战之后，国外各国国有经济的大规模扩张很大程度上可以说是受阶段性因素的影响，如为了加速战后的恢复重建等，一旦这些因素消失或者说阶段性任务完成后，国有经济也就会自然而然

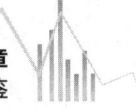

地进入收缩通道。

很显然，经过第二次世界大战后超过 30 余年的恢复与建设，各国战后重建的任务早已完成，并且形成了比较完善的现代工业体系。与此同时，私人资本和金融市场也得到了大量的积累和发展，私人资本的发展壮大，使其开始有能力涉足某些以往具有较高进入门槛的行业。加之私人资本的经济效率普遍高于国有经济，因此国有经济的收缩也就是大势所趋了。

三、国外国有经济布局和结构调整的一般规律

根据前面所得到的结论，一个国家国有经济总量的大小和分布行业或领域的范围，跟一国的经济发展水平和所处的工业化阶段有着紧密的联系。

从国有经济总量的大小上看，一国在工业化初期，由于私人投资有限，为了加速工业化进程，国有经济的比重开始上升，到工业化中期，国有经济所占比重达到最高峰；此后随着私人资本的逐渐壮大和国有经济的弊端开始显现，国有经济所占比重又开始下降；到了以服务业为主导的后工业化时代，国有经济的比重最终会下降到一个相对较低的水平。

从国有经济的分布行业或领域的范围来看，工业化初期国有经济主要分布在基础设施产业、基础工业、公共事业及自然垄断行业等领域；到了工业化中期，国有经济开始大规模扩张，并在邮政、电信、电力、煤气、石油、煤炭、铁路、航空、汽车、钢铁、造船等产业占据重要地位，甚至是支配地位；到了后工业化阶段，国有经济开始收缩，并只存在于关系国计民生和国民经济命脉的重要行业，如国防军工、基础设施和基础工业、公共服务、金融等领域。

第三节 国外国有经济布局结构调整历程对我国的经验借鉴意义

一、国有经济的战略性调整不能拘泥于国有经济的绝对量上

国有经济的战略性调整不能仅仅关注国有经济的规模和数量，更为关键的在于国有经济的产业分布是否合理，是否将有限的资源应用到最需要的地方，是否对国家经济的发展发挥了带动和推动作用等。无论是从发达国家还是发展中国家来看，绝大部分国家的国有经济在数量和规模上都已不占据绝对优势，甚至已经处于从属地位，但是由于其都分布在关系国民经济发展的关键领域和行业，各国国有经济的控制力并没有随着数量和规模的下降而降低。

虽然我国国有经济的数量和规模从改革开放后就开始下降，但直到2020年，国有控股工业企业资产总额和营业收入占规模以上工业企业的比重仍然分别达到了38.4%和25.8%。[①] 根据前面国外国有经济总量规模的变化跟国家经济发展水平相关性的分析结论：一国在工业化初期，国有经济的比重开始上升，到工业化中期阶段国有经济所占比重达到最高峰；此后国有经济所占比重开始下降；到了以服务业为主导的后工业化时代，国有经济的比重会下降到一个相对较低的水平。可以预测未来我国国有经济的总量规模仍然会呈继续下降的趋势，如何在国有经济的规模和数量继续收缩的情况下，通过加快战略性调整使国有经济进一步向关键领域和重要行业集中就显得十分重要。

---

① 资料来源：根据《中国统计年鉴》2021年相关数据整理计算。

第四章 国外国有经济布局结构调整的历史考察及经验借鉴

二、国有经济并非必然存在于自然垄断行业或提供公共产品和服务的行业

国外国有经济布局和结构调整的实践表明，无论是发达国家还是发展中国家，从来都不存在国有经济一直垄断自然垄断行业或提供公共产品和服务的行业的情况，现阶段绝大多数发达国家和部分发展中国家的国有经济甚至没有在这些行业占据主导地位。在我国，垄断行业在国有经济中占绝对地位的局面还较为严重，如2020年，烟草，石油和天然气开采，电力、热力生产和供应行业国有控股工业企业资产总额占规模以上工业企业的比重分别达到了99.3%、87.7%和84.0%，营业收入分别占99.6%、82.4%和88.5%。[①] 因此，在国有经济战略性调整中，自然垄断行业、提供公共产品和服务行业的国有经济的调整和改革还亟待加快。

此外，国有经济也并非不能存在于竞争性领域，许多国家在竞争性领域也存在高效率的国有企业，并对所在行业起到了巨大的带动作用。因此，我国国有经济战略性调整的标准并不是简单的"竞争与垄断"，还需考虑国有经济是否具有较高的经济效率。

三、国有经济的低效率还源于产权结构和治理模式的不合理

国外国有经济布局和结构调整过程中，国有经济的低效率常常都被认为是国有经济必须接受改革的主要理由之一。造成国有经济低效率的原因除了外部环境中缺乏竞争，还有一个就是其产权结构和治理模式不合理。国有企业的产权结构和治理模式单一，使其严重缺乏产权的激励机制和约束机制，通过私有化改造分散国有企业的股权，有利于不同的持有人主动参与企业管理，从而从内部提高国有经济的运

---

① 资料来源：根据《中国统计年鉴》2021年相关数据计算整理。

行效率。

在我国已经实行的国有企业股份制和公司制改造针对的也主要是国有企业产权结构和治理模式的不合理问题,目前我国国有企业的90%以上都已经完成了公司制和股份制改造,实现了股权结构分散化、投资主体多元化。从某种意义上说,国有经济的战略性调整不仅需要着眼于产业结构和空间结构,国有企业的现代企业制度和产权结构的完善也需要同时进行。

第五章　新时代我国国有经济布局结构战略性调整的理论内涵及必然性

第一节　我国国有经济布局和结构调整的目标演进

一、党中央关于国有经济布局结构战略性调整的系列重要文献及论述

1997年党的十五大就明确提出，要从战略上调整国有经济布局，要把国有企业的改革放在重要地位。在关系国民经济命脉的重要行业和关键领域，国有经济必须占支配地位；在其他领域，可以通过资产重组和结构调整，以加强重点，提高国有资产的整体质量。[①]

1999年党的十五届四中全会通过了《中共中央关于国有企业改革和发展若干重大问题的决定》，指出，从战略上调整国有经济布局和改组国有企业，要着眼于搞好整个国有经济，推进国有资产合理流动和重组，调整国有经济布局和结构，积极发展大型企业和企业集团，放开搞活中小企业。[②]

[①]　江泽民.高举邓小平理论伟大旗帜，把建设有中国特色社会主义事业全面推向二十一世纪——在中国共产党第十五次全国代表大会上的报告［R］. 1997-09-12.
[②]　中国共产党新闻网.中共中央关于国有企业改革和发展若干重大问题的决定［EB/OL］. http://cpc.people.com.cn/GB/64162/71380/71382/71386/4837883.html.

2002年党的十六大再次提出继续调整国有经济的布局和结构，改革国有资产管理体制，是深化经济体制改革的重大任务。①

2003年党的十六届三中全会通过《中共中央关于完善社会主义市场经济体制若干问题的决定》，指出，要完善国有资本有进有退、合理流动的机制，进一步推动国有资本更多地投向关系国家安全和国民经济命脉的重要行业和关键领域，增强国有经济的控制力；其他行业和领域的国有企业，通过资产重组和结构调整，在市场公平竞争中优胜劣汰。②

2007年党的十七大提出，要深化国有企业公司制股份制改革，健全现代企业制度，优化国有经济布局和结构，增强国有经济活力、控制力、影响力。③

2012年党的十八大再次强调，要毫不动摇巩固和发展公有制经济，推行公有制多种实现形式，深化国有企业改革，完善各类国有资产管理体制，推动国有资本更多投向关系国家安全和国民经济命脉的重要行业和关键领域，不断增强国有经济活力、控制力、影响力。④

2013年《中共中央关于全面深化改革若干重大问题的决定》指出，国有资本要服务于国家战略目标，更多投向关系国家安全、国民经济命脉的重要行业和关键领域，重点提供公共服务、发展重要前瞻性战略性产业、保护生态环境、支持科技进步、保障国家安全。⑤

2015年《中共中央国务院关于深化国有企业改革的指导意见》指出，优化国有资本布局结构，把国有企业做强做优做大，不断增强

---

① 江泽民. 全面建设小康社会，开创中国特色社会主义事业新局面——在中国共产党第十六次全国代表大会上的报告 [R]. 2002-11-08.
② 新华网. 中共中央关于完善社会主义市场经济体制若干问题的决定 [EB/OL]. http://news.xinhuanet.com/newscenter/2003-10/21/content_1135402.htm.
③ 胡锦涛. 高举中国特色社会主义伟大旗帜，为争取全面建设小康社会新胜利而奋斗——在中国共产党第十七次全国代表大会上的报告 [R]. 2007-10-15.
④ 胡锦涛. 坚定不移沿着中国特色社会主义道路前进，为全面建成小康社会而奋斗——在中国共产党第十八次全国代表大会上的报告 [R]. 2012-11-08.
⑤ 中华人民共和国中央人民政府门户网站. 中共中央关于全面深化改革若干重大问题的决定 [EB/OL]. http://www.gov.cn/jrzg/2013-11/15/content_2528179.htm.

国有经济活力、控制力、影响力、抗风险能力。①

2017年党的十九大指出,加快国有经济布局优化、结构调整、战略性重组,发展混合所有制经济,培育具有全球竞争力的世界一流企业。②

2019年党的十九届四中全会审议通过《中共中央关于坚持和完善中国特色社会主义制度、推进国家治理体系和治理能力现代化若干重大问题的决定》,强调推进国有经济布局优化和结构调整,增强国有经济竞争力、创新力、控制力、影响力、抗风险能力,做强做优做大国有资本。③

二、我国国有经济布局和结构调整的阶段目标

回顾历史,国有经济作为中国特色社会主义的重要物质基础和政治基础,是党执政兴国的重要支柱和依靠力量。但不同时期国有经济使命和功能定位的变化,决定了党和国家需要通过推进国有经济布局和结构的调整来实现不同时期国有经济乃至整个国民经济的改革发展既定目标。

改革摸索时期(1979—1996):改革开放之后,主要在微观层面进行国有经济改革,以无意识的、被动的收缩为主,并且是以国有企业规模大小作为改革的标准,没有上升到宏观战略高度。

初步探索时期(1997—2002):以十五大、十五届四中全会为标志,提出要从战略上调整国有经济布局,重点强调国有经济主导地位和带动作用,关注国有经济控制力、影响力和带动力的提高。

快速推进时期(2003—2012):以十六届三中全会、十七大、十

---

① 中华人民共和国中央人民政府门户网站. 中共中央、国务院关于深化国有企业改革的指导意见[EB/OL]. http://www.gov.cn/zhengce/2015-09/13/content_2930440.htm.
② 习近平. 决胜全面建成小康社会,夺取新时代中国特色社会主义伟大胜利——在中国共产党第十九次全国代表大会上的报告[R]. 2017-10-18.
③ 中华人民共和国中央人民政府门户网站. 中共中央关于坚持和完善中国特色社会主义制度推进国家治理体系和治理能力现代化若干重大问题的决定[EB/OL]. http://www.gov.cn/zhengce/2019-11/05/content_5449023.htm.

八大为标志，注重激发国有经济的内生发展活力，提出推动国有资本更多投向关系国家安全和国民经济命脉的重要行业和关键领域，不断增强国有经济活力、控制力、影响力。

战略深化时期（2013年至今）：以十八届三中全会、《中共中央国务院关于深化国有企业改革的指导意见》、十九大、十九届四中全会为标志，面对国内外环境变化，开始关注国有经济的抗风险能力，重申发挥国有经济主导作用，要做强做优做大国有企业；同时，面对全球竞争力和创新发展新形势对国有经济创新能力提出的更高要求，更加重视企业层面的战略性重组和全球视野提升，以增强国有经济竞争力、创新力、控制力、影响力、抗风险能力。

第二节 新时代我国国有经济布局结构战略性调整的理论内涵

党的十八大以来，中国特色社会主义进入新时代[①]，党中央关于国有经济布局结构调整的系列重要文献及论述为新时代我国国有经济布局结构战略性调整提供了理论依据和方法体系，要从坚持完善基本经济制度的理论视野进一步阐释其基本内涵。这些论述都表明：国有经济战略性调整是一项系统工程，微观层面涉及国有企业的公司制股份制改造、国有企业的内部治理和经营机制改革，宏观层面涉及国有经济的布局与结构调整、国有企业的运营环境重塑。

一、国有经济战略性调整是所有制结构的调整

国有经济产业结构、空间结构和企业组织结构的调整归根结底都是其所有制结构调整在产业、空间和企业组织层面的具体表现。在社

---

① 中华人民共和国中央人民政府门户网站. 中共中央关于党的百年奋斗重大成就和历史经验的决议［EB/OL］. http://www.gov.cn/zhengce/2021－11／16/content_5651269.htm.

会主义初级阶段的大背景下，以公有制为主体、多种所有制经济共同发展是我国现阶段的基本经济制度，这也就意味着现阶段和未来一段时期内我国国有经济的战略性调整都要充分体现这一基本经济制度的特征，即必须毫不动摇巩固和发展公有制经济，维护公有制的主体地位，同时积极发展混合所有制经济和支持非公有制经济健康发展。坚持公有制经济主体地位这条准绳，是新时代国有经济战略性调整方向正确性的保证，即国有经济战略性调整无论其方式方法、具体手段和最终目标如何，都必须要在坚持社会主义初级阶段的基本经济制度的前提下来进行。

同时，坚持中国特色社会主义道路也是我国国有经济战略性调整的底线，正如党的十九大报告指出的："中国特色社会主义道路是实现社会主义现代化、创造人民美好生活的必由之路。"[1] 特别是在当前国际国内的复杂形势下，一些人妄图利用国有经济和国有企业存在的问题大做文章，并企图以国有经济的调整为幌子来否定国有经济和社会主义道路，这都要求我们提高警惕，在新时代国有经济的调整中始终坚持走中国特色社会主义道路这一底线。

二、国有经济战略性调整是产业结构的调整

国有经济的产业结构有两层含义：一是国有经济主要分布于哪些产业，二是某一产业中国有经济数量和规模的大小。从国外国有经济布局和结构调整的历史考察中就可以发现，产业结构的调整一直是国有经济调整的核心内容，是关系国有经济调整成效的关键因素。在我国国有经济的战略性调整中，如果没有明确的产业选择和产业规模，就很难从根本上实现国有经济战略性调整的目标。

产业结构往往与产业升级相联系，因此，国有经济的产业结构调整应具有阶段性、适应性和前瞻性。阶段性是指国有经济的产业结构

---

[1] 习近平. 决胜全面建成小康社会, 夺取新时代中国特色社会主义伟大胜利——在中国共产党第十九次全国代表大会上的报告[R]. 2017—10—18.

调整应在国家经济和社会发展的不同阶段具有不同的产业分布形态和产业规模大小，如工业化初期和后工业化时期显然是不同的；适应性是指国有经济的产业结构调整应与国家当前的经济发展、科技水平和产业演进相适应；前瞻性是指由于国有经济在国民经济中的主导作用，其产业结构的调整应根据产业升级的需要具有合理的超前性，以便对其他经济成分起引导作用。

三、国有经济战略性调整是空间结构的调整

国有经济的空间结构也有两层含义：一是国有经济在一国的不同区域之间规模和大小的不同分布，二是不同地区之间国有经济产业结构的差异。由此可见，国有经济的空间布局调整是建立在国有经济的产业结构调整基础之上的。

国有经济空间结构的调整对我国来讲具有比其他国家更大的意义。我国国土面积广阔，各地区之间的经济社会发展条件和基础差异巨大，加之我国此前所实施的非均衡的区域发展政策，使得不同的地区、省份和城市之间呈现出迥异的国有经济发展格局，也形成了不同的利益格局。因此，国有经济的空间布局调整就是要在不同区域的禀赋和条件的基础上，在服从全国统一大市场的框架下，实现资源在全国范围内的有序和高效配置，从而达到带动各区域经济均衡发展的目的。

四、国有经济战略性调整是企业组织结构的调整

国有企业是我国国有经济战略性调整的微观基础，国有经济产业结构和空间结构的战略性调整最终都是通过国有资产在企业层面的进入和退出来实现的，而不同的企业制度和企业组织结构会使得这种进入和退出产生不同的成本，并会影响企业存量国有资产的效率。如上市公司要实现国有资产的进入和退出，通过二级市场就可以方便快捷地实现，成本相对于其他形式要低得多，操作也更灵活；并且由于上

市公司会广泛地接受社会和市场的监督，其存量资产的运行效率也较高。

虽然我国在国有企业中建立现代企业制度和企业组织结构调整的工作已实施多年，绝大部分国有企业已经通过股份制和公司制改造实现了股权结构分散化和投资主体多元化，但总体来看还未达到全覆盖，且多为国有企业相互参股，激励和约束机制还不健全，上市公司在其中所占的比重也不高。同时，国有企业的治理结构、管理体制还有待完善，国有企业集团的发展也还相对滞后，因此，国有企业组织结构的调整也将是我国国有经济战略性调整中的必要内容。

第三节　新时代我国国有经济布局结构战略性调整的必然性

1997—2012年这15年，我国国有经济战略性调整的成效显著，但是，迄今为止，国有经济战略性调整的任务还远未完成。理论上，国有经济战略性调整在关乎社会主义市场经济完善、经济结构优化调整、国有资产保值增值中的支撑和主导地位并没有发生变化；现实中，整体上国有经济的分布领域还过宽，有的部门国有经济高度垄断的局面依然存在，国有企业的所有制和产权结构调整还没有取得明显突破，中西部地区国有经济的比重还很高，国有经济的质量和效率也还有待提高。这些都说明我国在新时代还需进一步推进国有经济战略性调整，这也构成了新时代我国必然继续推进国有经济战略性调整的重要原因。

一、新时代推进国有经济战略性调整具有历史必然性

新时代国有经济战略性调整的历史必然性是由国有资产的存在和增长的历史必然性决定的。国有资产是指归国家所有的一切财产并由此产生的财产权利的总和，其产权属性就决定了国有资产与市场经济

的兼容性不及私人资产,即国有资产的逐利性并不会像私人资产那样强烈,国有资产往往更具有公益性、政策性的特点。这些特点也就决定了国有资产在社会经济中具有私人资产不可替代的特有功能,如维护国家安全和社会稳定、保障公共利益、引领和带动经济发展、辅助国家宏观调控等。这些作用是社会主义市场经济发展过程中不可或缺的。

为了不断地发挥这些功能,国有资产必须保持一定的数量规模和分布。因此,国有资产虽不强烈追逐利润,但其保值增值的目标却是不可或缺的,而国有企业改革正是实现这一目标的基本途径。通过深化国有企业改革,国有资产可以集中到那些国有经济需要进入、继续保留和进一步发展的行业、领域和企业,而从次要的、竞争充分的、严重亏损的部门退出,这不仅有利于更好地发挥国有经济在社会主义市场经济中的功能,还能提高国有资产的运行效率和质量,从而实现国有资产保值增值的目标。

二、新时代推进国有经济战略性调整具有理论必然性

在国有经济战略性调整的任务远未完成的背景下,新时代我国国有经济战略性调整的理论地位并没有发生变化,其依然是关乎社会主义市场经济完善、经济结构优化调整、国有资产保值增值的重要支撑和主导。

(一) 社会主义市场经济的完善要求新时代继续推进国有经济战略性调整

完善社会主义市场经济体制的核心问题是如何正确处理市场与政府的关系,如何在更加充分地尊重市场规律的前提下更好地发挥政府的作用。在过去,政府会将大量的资金投入到已经失去竞争力和市场的国有企业中,以保证这些企业继续存活,然而这样做的结果却是不但不能使这些企业扭转颓势,反而还浪费了大量的社会资源,降低了资源的使用效率,使得本应该得到发展的其他优质企业由于缺乏资金

无法继续壮大,影响了整体的经济效益和国有经济的功能。

而今,在国有经济分布过宽、力量分散、定位不准、整体素质不高的情况下,对国有经济进行战略性调整,使国有经济从一些次要的行业、领域和企业退出,进一步向关系国家安全和国民经济命脉的重要行业、关键领域和重点企业集中,正是充分尊重市场规律的表现。宏观上,通过国有经济布局和结构的调整,集中力量,保障重点,提高效率和效益;微观上,通过建立现代企业制度,深化国有企业改革,增强国有企业的活力,寻求发展的内在动力。因此,以增强国有经济竞争力、创新力、控制力、影响力、抗风险能力为目的的国有经济战略性调整,是符合完善社会主义市场经济体制的客观要求的。

(二)经济结构的优化升级要求新时代继续推进国有经济战略性调整

纵观世界经济的发展历程,国有经济的调整总是与经济结构的调整紧密相关,并且是一国经济结构调整的重要内容。经济结构调整是推动经济发展的重要因素,其具有显著的阶段性特征,预示着一个新的增长阶段的到来。某种程度上说,经济发展是通过结构的规律性调整和转换实现的,经济结构调整则是通过技术进步、产业转换、体制和组织创新,一方面淘汰落后生产能力,一方面形成新的经济增长点。[1] 经济结构调整可以包括需求结构调整、产业结构调整、区域结构调整、城乡结构调整等内容,但又以产业结构的调整为核心。

任何一个所有制成分在国民经济中的地位、作用及比重大小是由其产权结构特征决定的,并通过与一定产业的耦合实现的。[2] 反过来,无论是传统产业的升级、产业结构的合理化和高级化,还是产业组织结构的合理化,也都有赖于国有经济主导作用的发挥,即都需要

---

[1] 李松森等. 国有经济战略调整对策研究[M]. 大连:东北财经大学出版社,2003:59-60.

[2] 李华,马树才,袁国敏等. 产业结构优化与国有经济战略性调整——模型分析及政策研究[M]. 北京:中国经济出版社,2005:222-223.

通过国有经济的战略性调整来实现。① 从我国的国情出发，根据国际国内市场的需求，在明确重点行业和关键领域的前提下，分清比较优势，区分具有现实竞争力、潜在竞争力和难有竞争力的不同行业、领域和企业，国有经济在战略性调整中可分别采取重点发展、着力培育和主动放弃等不同的调整策略，特别是将有限的国有资源配置到对经济结构调整起带动作用的行业和区域中，从而实现整体经济结构的调整，推动国民经济的发展。

三、新时代推进国有经济战略性调整具有现实必然性

自1997年党的十五大提出要从战略上调整国有经济布局以来，国有企业改革取得了显著成果。国有经济的战线缩短，而运行质量和效率显著提升，对国民经济的调控能力明显增强。特别是随着国有企业改革"1+N"文件顶层设计构建的完成，"十项改革试点"深入推进，重大改革举措落地见效，改革的系统性、整体性、协同性得到增强，国有企业改革红利逐渐释放，国有资产的运行配置效率、影响力、带动力和控制力不断提升，国民经济重要支柱作用充分显现。但是，经过多年的改革，国有经济和国有企业层面依然还存在着诸多尚未取得明显成效的领域，这些问题都需要在继续深入推进国有企业改革的过程中解决，诸如经济相对落后的中西部地区国有经济的比重仍然较高、垄断行业国有经济占统治地位的现象较严重、国有企业的政企关系和产权结构调整还没有取得明显突破、国有经济的运行质量和效益也还有较大的提升空间。

基于新时代增强国有经济竞争力、创新力、控制力、影响力、抗风险能力"五力"的新目标和新要求，新时代国有经济布局结构的战略性调整具有鲜明的时代特征：一是不确定性与确定性交织的复杂发展环境，要求围绕服务国家战略聚焦优势领域、重点行业和薄弱环

---

① 徐传谌，郑贵廷等. 国有经济资源优化配置系统论［M］. 北京：经济科学出版社，2006：76.

节，提升国有经济竞争力、抗风险能力；二是人民对美好生活和实现共同富裕有更多的期盼，要求"城乡""东西"区域协调发展和与民营企业、中小企业协同发展，提升国有经济影响力；三是推进构建新格局的关键时期，要求加快国有企业制度创新，畅通产业循环、市场循环、经济社会循环，提升国有经济创新力、控制力。

第六章　新时代我国深入推进国有经济布局结构调整的政策启示及实践路径

第一节　新时代国有经济战略性调整中所有制结构的完善

新时代国有经济战略性调整实质上是所有制结构的调整，战略性调整中所有制结构的完善是产业结构优化、空间结构重组和企业组织结构再造的基础和具体表现。新时代我国国有经济战略性调整中的所有制结构完善应充分体现社会主义初级阶段的基本经济制度，在国有经济战略性调整中必须坚持公有制的主体地位，发挥国有经济的主导作用，并鼓励、支持、引导非公有制经济发展。

一、国有经济战略性调整与所有制结构完善之间的关系

以公有制为主体，多种所有制形式并存的所有制结构是我国社会主义初级阶段经济制度的基本特征之一。① 在巩固和发展公有制经济的同时，鼓励、支持、引导非公有制经济发展是调整和完善所有制结构的基本要求。在国有经济的战略性调整中，既要坚持公有制的主体地位，发挥国有经济的主导作用，又要保证其他所有制经济依法平等使用生产要素、公平参与市场竞争、同等受到法律保护。通过推行公

---

① 朱方明. 政治经济学（下册）[M]. 成都：四川大学出版社，2005：8—9.

有制的多种实现形式，鼓励、支持并引导个体、私营、外资等非公有制经济成分积极参与国有经济的股权多元化改革，吸引和利用更多的社会资本发展国有经济，保证国有经济战略性调整方向的正确性。

随着改革的深入，公有制经济所占的比重虽然相对而言已明显减少，但改革并没有削弱公有制经济的主体地位，我们从以往仅仅着眼于公有制经济量的规定转而追求其质的提升。坚持公有制经济的主体地位应该有一定的量的要求，但只注重量的变化是难以把握公有制经济的主体地位的，还必须注重质的变化，并将数量标准和质量标准统一起来。

新时代国有经济战略性调整是基于对国有经济数量和比重的动态理解和把握进行的，着重从产业结构优化、空间结构重组和企业组织结构再造三个方面提升国有经济的竞争力、创新力、控制力、影响力、抗风险能力。通过国有经济在产业、空间和企业的数量调整来实现国有经济质量的提高，使得国有经济在关系国计民生和国民经济命脉的关键行业和领域占据支配地位，这与我国所有制结构完善的目标和要求具有一致性，因此，国有经济战略性调整是新时代发挥国有经济的主导作用、坚持和维护公有制主体地位的基本途径。

二、所有制结构完善中需突破的重点问题

尽管在国有经济战略调整阶段（1997—2012）我国所有制结构已发生明显变化，以公有制为主体、多种所有制经济共同发展的多元化所有制结构已经形成，但在新时代我国国有经济战略性调整的推进过程中，所有制结构依然还存在需要完善的地方。

（一）公有制经济的主体地位面临严峻挑战

公有制经济的主体地位面临的严峻挑战主要表现在国有经济的主导作用还不能很好地发挥，国有经济的竞争力、创新力、控制力、影响力、抗风险能力还需进一步加强等方面，具体可以从国有经济的布局和结构不合理、国有企业改革尚未到位和国有资产管理体制改革滞

后三个方面来说明。

1. 国有经济的布局和结构不合理

国有经济的布局和结构不合理直接影响了国有经济主导作用的发挥。要充分发挥国有经济的主导作用，就必须增强国有经济的竞争力、创新力、控制力、影响力、抗风险能力，其核心便是实现国有经济的战略性调整，通过国有经济战略性调整中的产业结构、空间结构和企业组织结构的调整来实现国有经济布局和结构的日趋合理。

国有经济的产业结构调整即在准确定位市场经济条件下国有经济的功能和作用的基础上，站在经济全球化的高度，对国有经济重点发展的领域和行业进行界定，明确产业结构调整的方向和重点，通过国有资产的流动和重组，把有限的国有资本配置到对经济结构升级起带动作用的战略性产业、高新技术产业和支柱产业中去。

国有经济的空间结构调整即根据不同区域的资源特点和现有的产业和技术基础，确定国有经济在东部、中部、西部和东北地区的空间布局，加快发展能充分发挥地域和资源优势、有较大市场前景、符合国家产业发展政策和区域发展战略的产业和企业，并构建国有资产的跨地区流动和重组机制，建立合理的地域分工体系。

国有经济的企业组织结构调整即将国有资本更多地投向具有国际竞争力的国有大公司、大企业、大集团，投向国有企业的主营业务，同时强化国有经济与非公有制经济之间的优势互补关系和合作关系，支持、鼓励、引导国有企业与民营企业、外资企业之间相互持股、联合重组，实现国有企业的投资主体多元化和与非公资本之间的优化配置。

2. 国有企业改革尚未到位

国有企业是新时代国有经济战略性调整的微观基础，国有经济运行效率低下已经严重制约了国民经济的整体发展。深化国有企业改革，加快现代企业制度的建立和完善，对于发现国有资产的市场价值、提高国有资本的流动性、加强国有企业的监督具有重要意义。一

第六章 新时代我国深入推进国有经济布局结构调整的政策启示及实践路径

方面,在关键领域和重要行业,培育实力雄厚、规模效益显著、竞争力强的甚至是跨行业、跨地区、跨国的大型国有企业集团,充分发挥大型企业集团在资本运营、技术创新、市场开拓等方面的优势;另一方面,着力使中小国有企业朝着"专、精、特、新"方向发展,通过改组、股份合作、兼并、出售、托管等多种形式促进中小国有企业与大企业大集团建立协作关系。①

3. 国有资产管理体制改革滞后

长期以来,我国国有资源得不到优化配置,最直接的原因就在于有效的国有资产管理体制的缺失,而国有资产管理体制的完善也是新时代我国国有经济战略性调整的重要保障。随着国务院国有资产监督管理委员会和各地方国资委(办)的组建,初步解决了国有资产多头管理实际上"所有者缺位"的问题,但需要完善和进一步改革的地方还有很多。如现阶段在中央政府一级,金融类国有资产和产业类国有资产是分开管理的,甚至在产业类国有资产内部也存在条块分割、各司其职的多头管理现象。国务院国资委负责监督管理大型中央企业的国有资产,财政部行政政法司和教科文卫司又分别管理着中央和国务院行政、事业单位下属企业和事业单位企业化经营的国有资产,财政部金融司则对中央金融类国有资产进行归口管理,这就意味着没有一个机构能够全面地履行监管职能,给国有资产监管一盘棋带来诸多不便。② 为了实现国有资产的保值增值,必须探索国有资产管理体制的更有效形式,这也是深化国有企业改革和增强国有经济竞争力、创新力、控制力、影响力、抗风险能力的客观要求。

(二)非公有制经济的发展受到多方面的影响和制约

国务院为进一步拓展非公有制经济发展领域,早在 2005 年就发布了《关于鼓励支持和引导个体私营等非公有制经济发展的若干意

---

① 徐传谌,郑贵廷等. 国有经济资源优化配置系统论[M]. 北京:经济科学出版社,2006:81-82.
② 刘纪鹏. 探索建立新型国有资产管理体制[N]. 经济日报,2012-04-13.

见》(简称"非公经济36条"),全面系统地推出了促进非公有制经济发展的36条政策规定。2010年,国务院又发布了《关于鼓励和引导民间投资健康发展的若干意见》(简称"新36条"),进一步落实鼓励和引导非公有资本进入基础产业和基础设施、市政公用事业和政策性住房建设、社会事业、服务等领域的相关政策。

但是由于种种原因,"非公经济36条"和"新36条"中的一些政策措施并未真正落实到位,非公有制经济的发展依然受到来自各方面的影响和制约,如制约非公有制经济发展的体制性障碍依然存在,对非公有制企业的服务不足、监督不够、干预过多,非公有制经济自身的缺陷也在一定程度上制约了非公有制经济的发展。[1]

在外资经济方面,虽然近几年也得到了较快的发展,但也存在着一些不甚合理的地方。如外资项目呈现产业投向不合理、区域分布不平衡的特点,大量集中于第二产业和东部地区,且偏向于劳动密集型的低端制造业和房地产业,2012年制造业和房地产业实际使用外资占比超过了65%(如图6-1所示)[2],截至2012年年底,东部地区外商投资总额占比也超过了75%(如图6-2所示)。[3] 在引进外资和利用外资的过程中也存在着盲目性和短期性倾向,甚至是赋予外资企业超国民的待遇,不利于公平市场环境的建立,还存在只注重硬件设施的配套而忽略了软件环境的改善,对外资企业缺乏服务和管理意识等情况。[4]

---

[1] 李楠. 中国现阶段所有制结构及其演变的理论与实证研究 [M]. 武汉:武汉大学出版社,2008:144-145.
[2] 资料来源:根据《中国统计年鉴》2013年相关数据整理计算。
[3] 资料来源:根据《中国统计年鉴》2013年相关数据整理计算。
[4] 唐未兵. 中国转轨时期所有制结构演进的制度分析 [M]. 北京经济科学出版社,2004:212-213.

第六章
新时代我国深入推进国有经济布局结构调整的政策启示及实践路径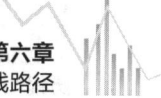

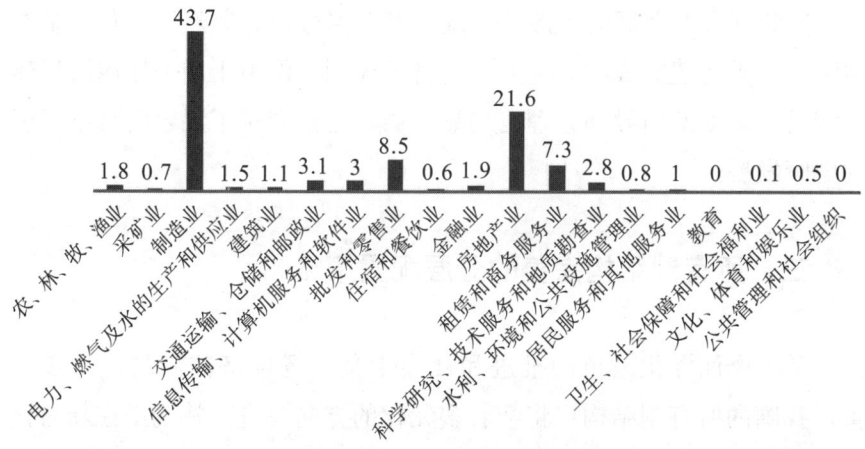

图6-1 2012年各行业外商直接投资实际使用资金分布情况（%）

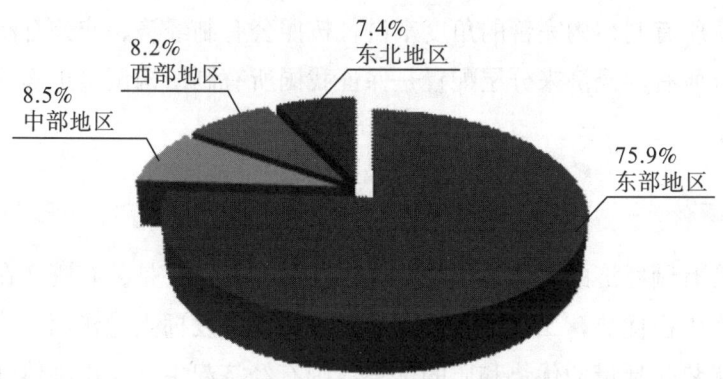

图6-2 2012年年底分地区外商投资企业投资总额分布情况

（三）混合所有制经济的经营和管理还不规范

随着股份制和公司制改革的推进，通过产权改革、引进战略投资者、推行规范改制和境内外资本市场上市等途径，大多数国有企业实现了产权多元化，混合所有制经济逐步开始发展壮大。现阶段，即使是在国有经济需要控制的关系国计民生和国民经济命脉的关键行业和领域，全民所有制企业和国有独资公司也只是占少数，大部分都是国有控股公司，即属于投资主体多元化的混合所有制经济的范畴。国有控股公司根据不同的行业属性和市场地位又可分为绝对控股和相对控股,同时还存在着国有参股的情况。基于混合所有制经济这种复杂的情况,就需要建立成熟健全的经营管理体制,但由于相关法律法规建设滞后,国家的引导和管理也稍显薄弱,这都影响了混合所有制经济的健康发展。①

三、所有制结构完善的分层配置策略

随着全面深化改革的推进和社会主义市场经济体制的进一步完善,我国的所有制结构也将朝着多元化的方向演进,特别是在新时代国有经济战略性调整中,所有制结构的完善更是国有经济战略性调整中的产业结构优化、空间结构重组和企业组织结构再造的基础和保障。从所有制结构完善的角度来讲,按照公有制经济、非公有制经济和混合所有制经济来分层配置是保证我国所有制结构调整正确性的基本策略。

(一)进一步巩固公有制经济的主体地位

公有制经济的主体地位主要体现在两方面:一是公有资产在社会总资产中占优势,二是国有经济在国民经济中发挥主导作用。公有资产占优势包括量的优势和质的优势,国有经济起主导作用则体现在国有经济的竞争力、创新力、控制力、影响力、抗风险能力上。公有制的主体地位就是要求公有资产在保证国有经济起主导作用的条件下在社会总资产中占优势,而国有经济又必须在保证公有资产在社会总资产中占优势的前提下起主导作用。②

就公有资产在社会总资产中占优势而言,应从过去片面注重量的优势转为注重质的提高。在所有制结构的量的规定上,我们走过的弯路太多,从"一大二公三纯",到公有制经济占2/3就是公有制经济,

---

① 李楠. 中国现阶段所有制结构及其演变的理论与实证研究 [M]. 武汉:武汉大学出版社,2008:149—150.

② 李楠. 中国现阶段所有制结构及其演变的理论与实证研究 [M]. 武汉:武汉大学出版社,2008:277.

又发展到后来的 1/3 或者 51% 就是公有制为主体，这样单纯的、绝对的数量标准既缺乏客观依据又没有实际意义。[①] 也就是说，公有制主体地位的衡量必须树立"量质合一、以质为主"的观点，从公有制经济的比较优势和国有经济的主导作用来进一步巩固公有制经济的主体地位。

因此，在国有经济战略性调整中，要完善所有制结构，就必须进一步巩固公有制经济的主体地位。必须建立公有制经济的比较优势，发挥国有经济的主导作用，通过国有经济的战略性调整，使国有经济在产业结构、空间结构和企业组织结构上形成更有利于巩固公有制经济主体地位的态势。在宏观上，继续推进国有经济的布局和结构调整与国有资产管理体制改革，通过国有经济产业结构的优化推动国有经济向关系国计民生和国民经济命脉的重要行业和领域集中，通过国有经济空间结构的重组调整国有经济的区域产业布局并形成合理的地域分工体系，通过国有资产管理体制改革实现从企业经营到资产经营再到资本经营的转变。在微观上，继续深化国有企业改革，通过国有企业组织结构的再造完善国有企业产权结构和公司治理结构，建立并完善现代企业制度。

（二）消除发展非公有制经济的障碍

改革开放以来，我国的非公有制经济从无到有、从小到大，实现了快速发展，已经成为社会主义市场经济的重要组成部分。非公有制经济无论是在促进经济增长、扩大就业、增加税收，还是在产业结构优化升级中都发挥了越来越大的作用，特别是在国有经济战略性调整中，非公有制经济更是成为国有经济退出领域的承接主体，并激励公有制经济加快自身的改革步伐，非公有制经济可谓已经成为我国社会生产力发展的重要推动力。

因此，在国有经济战略性调整中，要完善所有制结构，就必须清

---

① 唐未兵. 中国转轨时期所有制结构演进的制度分析 [M]. 北京：经济科学出版社，2004：274.

除发展非公有制经济的障碍，保证非公有制经济依法平等使用生产要素、公平参与市场竞争、同等受到法律保护。首先，要从根本上按照所有经济成分一视同仁、平等对待的原则，消除非公有制经济发展的体制性障碍；其次，要促进非公有制企业的管理和制度创新，推进非公有制企业完善产权结构和建立现代企业制度；最后，为了克服非公有制经济的固有缺陷，在强化对非公有制企业服务意识的同时，还要加强相应的引导和监督。

（三）积极发展混合所有制经济

我国的混合所有制经济实质上包括两个层面：从宏观来看，我国实行的是以公有制为主体、多种所有制经济共同发展的所有制结构；从微观来看，我国实行的是公有股权和非公有股权相混合的企业产权结构。[1] 无论是理论上还是实践上，混合所有制都是现阶段促进生产力发展的一种所有制形式。

2013年，党的十八届三中全会就明确了我国以股份制为主要实现形式的混合所有制经济未来的发展趋势。《中共中央关于全面深化改革若干重大问题的决定》指出，国有资本、集体资本、非公有资本等交叉持股、相互融合的混合所有制经济，是基本经济制度的重要实现形式，有利于国有资本放大功能、保值增值、提高竞争力，有利于各种所有制资本取长补短、相互促进、共同发展。[2] 要积极发展混合所有制经济，允许更多国有经济和其他所有制经济发展成为混合所有制经济。

因此，在国有经济战略性调整中，要完善所有制结构，就必须要积极发展混合所有制经济，通过推行公有制的多种实现形式，鼓励、支持、引导个体、私营、外资等非公有制经济成分积极参与国有经济的股权多元化改革，并允许更多的国有经济和其他所有制经济发展成

---

[1] 李楠. 中国现阶段所有制结构及其演变的理论与实证研究[M]. 武汉：武汉大学出版社，2008：314—315.

[2] 新华网. 中共中央关于全面深化改革若干重大问题的决定[EB/OL]. http://news.xinhuanet.com/mrdx/2013—11/16/c_132892941.htm.

为混合所有制经济。

第二节 新时代国有经济战略性调整中产业结构的优化

新时代国有经济战略性调整的产业结构优化要坚持有进有退、合理流动的分类配置原则,实现国有经济产业布局和结构的优化,将国有资本更多地投向关系国家安全和国民经济命脉的重要行业和关键领域,投向国有经济仍具有竞争力的行业和未来可能形成竞争优势的战略性产业。对于其他行业和领域,国有经济已经失去市场竞争优势和能力的,要通过市场机制公平地实现优胜劣汰,形成国有经济的合理产业体系。

一、国有经济战略性调整与产业结构优化之间的关系

我国现阶段承受着来自资源、生态、环境的巨大压力,这些制约因素已经对国民经济和社会发展造成了越来越大的阻碍,究其原因,源于我国低层次、低技术水平的产业结构和粗放的经济增长方式。在人均资源占有本来就短缺的情况下,这种高消耗、高排放、低效益的产业结构和经济增长方式已经难以支撑经济的持续增长,并将严重威胁我们的生存环境,使我们的子孙后代付出沉重的代价。特别是各国经济发展对资源和市场的依赖程度不断提高,全球范围内的资源和市场争夺战日益频繁,并从传统的矿产资源领域向金融、科技、环境和其他资源领域扩展。因此,不进行经济结构和经济发展方式的调整,我国的经济发展和社会主义建设就会受到严重阻碍。

我国产业结构中所表现出的突出问题又是与当前我国国有经济的

布局和结构不合理紧密联系的。① 因此，新时代的国有经济战略性调整必须把握好与产业结构优化之间的关系，使国有经济的战略性调整与产业结构优化相结合。

（一）产业结构的优化有赖于国有经济的战略性调整

产业结构的优化与国有经济的战略性调整相结合首先就是产业结构升级和发展的要求。特别是经历了2008年的金融危机之后，我国的产业结构开始进入新一轮的升级和发展通道。在此过程中，一方面国有经济按照新时代战略性调整的目标与要求进行产业结构的选择和调整，以强化对关系国家安全和国民经济命脉的行业和领域的控制力；另一方面，由于我国国有经济在产业发展和现有产业结构中起主导作用，从整个国民经济的范围来看，也要求国有经济发挥辅助国家宏观调控的职能，率先进行调整和升级，从而对其他经济成分产生引导作用。具体来看：

一是支柱产业的发展和更迭需要对国有经济进行战略性调整。跟过去相比，现在世界范围内各国支柱产业的更迭时间由于技术革命的推动已经日益缩短。我国国有经济由于缺乏资产合理流动和重组机制，支柱产业和战略性新兴产业的发展基本都需要依靠增量投资来发展，而对于庞大的、低效率的存量国有资产不能够合理利用，从而造成了资源的巨大浪费，也使得支柱产业的更迭时间延长。因此，要加快支柱产业的更迭和发展，就需要建立有效的国有资产合理流动、重组机制，推动低效率的国有资源向更高效率的行业或企业进行优化配置。这也是新时代国有经济战略性调整的目标之一。

二是产业创新所需要的技术创新能力的提高也有赖于国有经济的战略性调整。过去我国国有企业一直存在自主创新能力不足的问题，除了在旧的体制机制下企业和企业决策层缺乏创新意识，更重要的原因就是缺乏技术创新和自主创新的带头企业和优势企业。因此，要改

---

① 李华，马树才，袁国敏等. 产业结构优化与国有经济战略性调整——模型分析及政策研究［M］. 北京：中国经济出版社，2005：225-228.

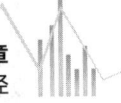

第六章
新时代我国深入推进国有经济布局结构调整的政策启示及实践路径

变这种状况就必须推动国有经济的战略性调整，通过兼并、重组等方式，形成行业中具有带动作用和较强研发实力的大企业大集团，并通过鼓励这些大企业大集团的自主创新活动对其他企业产生示范效应，带动整个行业和领域的技术改造和技术升级，从而推动产业结构的整体优化。

（二）国有经济战略调整的目标与产业结构优化的方向具有一致性

改革开放后，我国产业结构调整的方向并不是一成不变的。20世纪80年代后，克服产业"瓶颈"和填补产业空白曾经是我国产业结构调整的主要方向，这主要是对产业间不合理的比例做出维护的适应性调整，也是一种克服经济发展过程中产业结构失衡状态的被动的、静态的、滞后的调整。[①] 20世纪90年代以来，随着经济体制改革的推进和深入，以及经济全球化趋势的日益加强，特别是我国加入世界贸易组织之后，我国的产业结构调整由静态的适应性调整逐渐转向产业结构的优化升级。[②] 所谓产业结构的优化升级，就是在预测社会进步、经济发展、科技创新等情况的基础上，按市场经济的运行规则和产业结构的演进规律，以市场需求为导向，规划产业发展的重点方向，并制定保障产业发展规划顺利贯彻实施的相应政策。[③]

因此，新时代我国国有经济的战略性调整必须要在产业结构优化的大背景下进行，即要以市场为导向，着眼于提高产业结构效益和整个国民经济的运行质量，在遵循国家有关产业政策的前提下，按照产业结构优化的方向，明确国有经济重点发展的、关系国家安全和国民经济命脉的重要行业和领域，将国有经济的战略性调整的目标与产业结构的优化结合起来。只有这样才能在不断巩固和发挥国有经济主导

---

① 刘子愈. 在国有经济战略性调整中促进产业结构升级 [J]. 延安大学学报（社会科学版），2002（1）：56-60.
② 李华，马树才，袁国敏等. 产业结构优化与国有经济战略性调整——模型分析及政策研究 [M]. 北京：中国经济出版社，2005：231.
③ 刘子愈. 在国有经济战略性调整中促进产业结构升级 [J]. 延安大学学报（社会科学版），2002（1）：56-60.

作用的同时，不断增强国有经济的竞争力、创新力、控制力、影响力、抗风险能力，从而真正地推动国民经济健康、快速、可持续发展。

二、产业结构优化中需突破的重点问题

正如前文所分析的那样，在1997—2012年这15年的国有经济战略性调整进程中，虽然已经开始呈现出竞争性领域国有经济比重明显下降，国有经济资源进一步向涉及国家安全、自然垄断行业、提供公共产品和服务的行业和支柱行业集中的良好趋势，但是，我国国有经济的分布行业过广、部分行业的国有经济垄断性和控制性过强、国有经济对基础性产业和战略性产业的投入不足等依然是新时代战略性调整中产业结构优化需突破的重点问题。

（一）国有经济的分布行业依然过广

从国民经济的行业分类来看，国有经济涉及了所有的16个门类，并且一般竞争性的生产加工业和商贸服务业的国有经济比重还明显偏高，以2011年为例，有超过10%的国有资产总量依然分布在一般生产加工业，而有超过30%的国有资产总量分布在商贸服务及其他行业，真正分布在基础性行业和战略性产业的国有资产总量不超过60%。

从工业的行业分类来看，2011年，在统计的39个工业行业中，除了其他采矿业国有资产占同行业规模以上工业企业的资产比重为0，其他38个工业行业都存在国有经济（见表6-1），并且有26个工业行业的国有资产占比超过了10%，在市场中还具有较明显的影响力，其中不乏造纸及制品业（12.1%）、化学纤维制造业（12.1%）、橡胶制品业（16.2%）、印刷业和记录媒介的复制（18.2%）、工艺品及其他制造业（19.0%）、饮料制造业（28.6%）等一般竞争性行业。

表 6-1 2011年国有及国有控股工业企业资产总额占全国规模以上工业企业的比重分布

占比	行业
80%~100%	烟草制品业（99.3%），石油和天然气开采业（94.7%），电力、热力的生产和供应业（90.7%）
60%~80%	水的生产和供应业（79.6%），煤炭开采与洗选业（72.0%）
30%~60%	石油加工、炼焦和核燃料加工业（58.8%），黑色金属冶炼及压延加工业（54.5%），燃气生产和供应业（54.3%），交通运输设备制造业（53.2%），黑色金属矿采选业（50.0%），有色金属矿采选业（47.1%），有色金属冶炼及压延加工业（43.6%），非金属矿采选业（34.1%），专用设备制造业（32.2%）
10%~30%	化学原料及化学制品制造业（29.1%），饮料制造业（28.6%），通用设备制造业（22.3%），医药制造业（20.3%），非金属矿物制品业（19.7%），通信设备、计算机及其他电子设备制造业（19.6%），工艺品及其他制造业（19.0%），仪器仪表及文化、办公用机械制造业（18.8%），印刷业和记录媒介的复制（18.2%），橡胶制品业（16.2%），电气机械及器材制造业（15.0%），造纸及纸制品业（12.1%），化学纤维制造业（12.1%）
0~10%	其他采矿业（0%），皮革、毛皮、羽毛（绒）及其制品业（0.8%），纺织服装、鞋、帽制造业（2.3%），家具制造业（2.4%），文教体育用品制造业（2.4%），纺织业（5.0%），塑料制品业（5.1%），木材加工及木、竹、藤、棕、草制品业（5.6%），废弃资源和废旧材料回收加工业（6.5%），农副食品加工业（8.4%），金属制品业（9.3%），食品制造业（9.9%）

资料来源：根据《中国统计年鉴》2012年相关数据整理计算。

由此可见，国有经济并没有从一些市场化程度比较高、市场竞争比较充分的行业退出。国有经济这种缺少集中性和战略性的行业分布，将使得有限的国有资产得不到最有效率的使用，还将削弱国有经济的整体竞争力，使之难以在国民经济中发挥主导作用，同时还会限制和压缩非公有制经济的生存和发展空间，不利于国民经济的健康发展。

（二）部分行业的国有经济垄断性和控制性还过强

以工业为例，在统计的39个工业行业中，2011年，国有经济在3个行业处于垄断地位，即表现为国有经济总产值占同行业规模以上工业总产值的80%以上，分别是烟草制品业（99.4%），电力、热力的生产和供应业（93.0%），石油和天然气开采业（92.1%）；在2个行业处于较强的垄断地位，即表现为国有经济总产值占同行业规模以上工业总产值的60%以上、80%以下，分别是水的生产和供应业（69.4%），石油加工、炼焦及核燃料加工业（68.6%）；在4个行业处于明显的控制地位，即表现为国有经济总产值占同行业规模以上工业总产值的30%以上、60%以下，分别是煤炭开采与洗选业（53.6%）、燃气生产和供应业（44.4%）、交通运输设备制造业（44.0%）、黑色金属冶炼及压延加工业（36.9%）（见表6−2）。

表6−2 2011年国有及国有控股工业企业总产值占全国规模以上工业企业的比重分布

占比	行业	国有经济市场地位
80%~100%	烟草制品业（99.4%），电力、热力的生产和供应业（93.0%），石油和天然气开采业（92.1%）	垄断地位
60%~80%	水的生产和供应业（69.4%），石油加工、炼焦和核燃料加工业（68.6%）	较强的垄断地位
30%~60%	煤炭开采与洗选业（53.6%），燃气生产和供应业（44.4%），交通运输设备制造业（44.0%）、黑色金属冶炼及压延加工业（36.9%）	明显的控制地位

资料来源：根据《中国统计年鉴》2012年相关数据整理计算。

在以上这9个工业行业中，石油加工、煤炭采选、黑色金属冶炼加工等行业明显属竞争性行业，而国有经济的垄断性和控制性过强。除此之外，像有色金属冶炼加工、金属采选、饮料制造等竞争属性较强的行业，国有经济虽未占明显的控制地位，但市场占有率依然偏高，均超过了15%。

部分行业的国有经济垄断性和控制性太强的一个直接结果就是在国有资源总量一定的情况下，导致某些国有经济应该存在或加强存在的行业，国有经济又显得比重过低。这些本应为国有经济占据主导地位、发挥主导作用的行业正逐渐被其他非公经济甚至外资经济占据，这将不利于我国国有经济对国家安全和国民经济命脉的维护。

（三）国有经济对基础性产业和战略性产业的投入还不足

在国有经济总体力量有限和国有资源总量一定的情况下，由于我国国有经济在一般性竞争领域分布过广，而部分行业又存在国有经济垄断性和控制性过强的问题，国家就不能够集中有限的国有资源投入到关系国计民生和国民经济命脉的基础性产业和战略性产业中。

基础性产业和战略性产业由于其产业性质的特殊性，往往需要借助国家的力量才能实现加速发展和跨越发展。基础性产业通常呈现出投资总额大、回收期长、短期经济回报低但整体社会效益高的特点，战略性产业则表现出产业关联度高、对国民经济的整体推动力强但又需要长期巨额投资的特点。二者都需要国家的支持，从而在借助国家的投入和国有经济的力量发展基础性产业和战略性产业的同时，实现国民经济产业结构的整体升级。

三、产业结构优化的分类配置策略

针对新时代我国国有经济战略性调整中产业结构优化的重点问题，要实现新时代我国国有经济战略性调整的产业结构优化，就必须采取分类配置的策略，要坚持有进有退、合理流动的原则，实现国有资源行业配置的优化。将国有资本更多地投向关系国计民生和国民经济命脉的重要行业和关键领域，投向国有经济仍具有竞争力的领域和未来可能占据竞争优势的战略性产业。对于国有经济已经失去市场竞争优势和能力的其他行业和领域，要通过市场机制公平地实现优胜劣汰，形成国有经济的合理产业体系。

不过需要注意的是，根据经济发展所处的不同阶段和产业性质结构的不断变化发展，我国国有经济战略性调整中产业选择的分类配置不是一成不变的，而是一个动态的过程，我们只能牢牢把握不断发展和变化的客观情况，主动根据变化了的客观条件进行调整和适应。

（一）产业结构优化中的"进"

新时代我国国有经济战略性调整中产业结构优化的"进"，即根据"绝对控制，适度放开"的配置原则，在关系国计民生和国民经济命脉的重要行业和关键领域国有经济要保持和增强其控制力，从而实现国有经济影响力的提升和国有资源配置的优化。就我国目前的发展阶段和客观情况来讲，国有经济需要控制的重要行业和关键领域主要包括以下几个。

1. 国防军工产业

国防军工产业由于涉及国家的国防安全，从西方发达国家国有经济发展的轨迹来看，是国家最早开始经营和控制的行业之一。虽然有些发达国家在国防军工产业已经采取了民间经营、政府订货的方式，最典型的代表就是美国，但就我国的国情而言，国有经济在国防军工产业仍需要保持绝对的控制力，甚至在某些领域还需要垄断经营。国防军工产业主要包括武器、装备、航天、航空、航海、核工业等，这些产业一般都不以盈利为主要目标，这些产业的发展水平将直接关系到国家的国防安全和战略目标的实现。当今世界各国都围绕国防军工产业展开了激烈的竞争，在国际市场上，国防军工产业的资源流动向来都受到严密的管制和封锁，因此其生产要素很难依靠市场来积累，其产品也不能完全地自由交易。

目前我国涉及国防军工产业的中央企业主要包括中国兵器工业集团有限公司、中国兵器装备集团有限公司、中国航天科技集团有限公司、中国航天科工集团有限公司、中国电子科技集团有限公司、中国航空工业集团有限公司、中国船舶集团有限公司、中国核工业集团有限公司、中国广核集团有限公司等。

现阶段，国防军工产业要在完成国防军工研发生产任务的前提下，继续推进中国特色军民融合式发展战略，在搞好国防军工企业内部调整的同时，加快建立与社会主义市场经济体制相适应的军民结合、寓军于民的创新机制。对于保军企业或者重要的军工企业，国有资本要保持独资和垄断经营。[①] 对于以民品生产为主的军工企业，可以有条件地引入社会资本和外资进行股份制改造，并逐步推进企业军品生产和民品生产的相对分离，即军品生产部分国有资本绝对控股，

---

① 陈鸿. 国有经济布局 [M]. 北京：中国经济出版社，2012：223.

民品生产部分国有资本相对控股。同时鼓励其他经济成分通过股份制的方式共享军民共用的中间生产环节及制造平台，大力发展相关民用产品的研发和生产。

2. 自然垄断产业

自然垄断产业由于进入壁垒高、投资规模大，且规模经济效应显著，私人部门一般无力投资或不愿投资，世界各国政府对其都采取了不同形式的管制和干预，主要表现在两个方面：一是直接设立国有企业或公营企业来组织该产业的生产经营；二是虽然由私人企业来经营，但政府在供给量、价格或收费标准等方面给予了严格的管控和限制。[①] 自然垄断产业主要涉及电信、电力、铁路、机场、公路等，这些行业或领域提供的产品或服务是社会生产和人民生活不可或缺的共同物质条件，并且直接关系到国家的经济安全、人民生活质量的提高和社会稳定，国有经济在自然垄断产业占据控制地位对于维护国家经济安全和社会公共利益具有重要意义。

目前我国在自然垄断产业的国有企业主要分布于规模经济效应较为显著的行业，包括中国电信集团有限公司、中国联合网络通信集团有限公司、中国移动通信集团有限公司、国家电网有限公司、中国南方电网有限责任公司、中国国家铁路集团有限公司、首都机场集团有限公司等。

对于自然垄断产业，规模经济效应较强的领域国有经济应保持绝对的控制力，而规模经济效应较弱的领域则可在一定条件下引入多元化投资主体和市场竞争机制，增强企业活力，提高企业产品和服务的质量。如电信行业的基础设施和电信基础服务涉及国家经济和信息安全，国有经济应保持绝对的控制力，较宜采取垄断经营或绝对控股的形式；而电信运营服务和增值服务等的竞争属性就比较强，市场化程度也较高，因此可通过引入其他经济成分使国有经济保持相对控股或

---

① 徐传谌，郑贵廷等. 国有经济资源优化配置系统论［M］. 北京：经济科学出版社，2006：84.

参股形式，国有经济若失去优势甚至可以选择有序退出。

3. 提供公共产品和服务的产业

提供公共产品和服务的产业与人民生活和社会生产紧密相关，提供的产品和服务可选择性小，低盈利甚至是非盈利，公益性较强。提供公共产品和服务的产业通常也具有一定的自然垄断性，而某些自然垄断产业同样也提供公共产品和服务，如电信、电力行业等。提供公共产品和服务的产业主要包括邮政、交通运输、电信、电力、自来水、燃气、电视广播等，这些行业或领域提供的产品和服务通常需要满足在一定的标准下供给价格尽可能低，但有的企业依靠垄断地位和优势又可能谋取高额利润，因此这些行业或领域也通常受到政府的严格控制，使其预期收益一般变得非常低，从而又会导致私人资本不会涉足这一领域，这种特性就决定了国有经济需要在提供公共产品和服务的产业保持较强的控制力。

目前我国涉及提供公共产品和服务产业（除电信和电力外）的国有企业既包括中国邮政集团有限公司、中国航空集团有限公司、中国东方航空集团有限公司、中国南方航空集团有限公司、中国远洋海运集团有限公司等国家级大型企业，也包括各地的自来水公司、燃气公司、公交公司等地方国有企业。

国有经济进入提供公共产品和服务的产业，可以更好地承担起公共产品和服务的生产和经营任务，更充分地担负起服务公共利益的责任，但民营资本的进入却可以提高公共产品和服务的质量。因此，国有经济应在提供公共产品和服务的产业保持较强的控制力，采取控股或参股的形式，并鼓励民间资本进入公共产品和服务领域。需要注意的是，教育、医疗等行业同样也是提供公共产品和服务的领域，但在我国其基本属性是事业性质，不属于本书国有经济和国有企业的探讨范围。

4. 其他产业

其他产业主要涉及国家经济和政治安全的农产品储备部门、高风

第六章
新时代我国深入推进国有经济布局结构调整的政策启示及实践路径

险传导性的金融部门、实行专卖制度的特殊部门等。

农产品储备部门一方面保证了国家在日常情况下的经济安全,另一方面保证了紧急情况下的社会稳定,目前我国涉及这一领域的中央企业主要有中国储备粮管理集团有限公司。

金融部门不仅关系国家的金融安全和国民经济命脉,同时还具有风险传导的高速性和广泛性,个别金融企业的风险可能会迅速蔓延至整个金融系统甚至是国民经济体系,因此需要国有金融企业在金融系统中发挥稳定风险和熨平波动的作用。目前我国涉及这一领域的金融类国有企业主要有四大国有商业银行(中国工商银行股份有限公司、中国农业银行股份有限公司、中国银行股份有限公司、中国建设银行股份有限公司)和三大国有保险公司〔中国人民保险集团股份有限公司、中国人寿保险(集团)公司、中国太平保险集团有限责任公司〕。

实行专卖制度的特殊部门在我国主要是烟草业和盐业,代表性的国有企业是中国烟草总公司(国家烟草专卖局)和中国盐业集团有限公司。烟草业专卖主要是基于其对于国家财政收入具有重大意义,烟草产品利大税高,是我国税收的重要来源,如2014年烟草制品业提供的税金就占到整个国有及国有控股工业企业税金总额的26.5%。[①] 盐业的专卖自我国古代就已经开始施行,主要是基于食盐作为生活必需品,几乎没有需求弹性,国家专卖既能保证食盐产品相对公平的供应,又能从渠道上防止假冒伪劣产品的销售,保证公民的生命安全和健康。

(二) 产业结构优化中的"有进有退"

新时代我国国有经济战略性调整中产业结构优化的"有进有退",即根据"战略主导,有退有进"的配置原则,在传统优势产业、支柱产业、战略性新兴产业等部门根据国家战略目标、国民经济的阶段要求和产业性质,实行灵活的、动态的国有资本控制。

---

① 资料来源:根据《中国统计年鉴》2015年有关数据整理计算,以后年份无此数据统计。

1. 基础性产业

基础性产业提供了一国经济发展的支撑和基础，主要包括金属和非金属矿产资源的开采以及基本原材料加工等领域。可以说，基础性产业更多地体现出战略性资源产业的特点，如石油和天然气、煤炭、铁、铜、铝等能源和自然资源矿产的勘探、采掘、加工等行业，都直接关系到国民经济的命脉，并涉及国家的政治和经济安全。战略性资源具有稀缺性，特别是在新时代各国对世界资源的争夺日趋白热化的背景下，战略性资源和以战略性产业为代表的基础性产业对国家的经济安全就更为重要。

目前我国涉及基础性产业的中央企业主要包括中国石油天然气集团有限公司、中国石油化工集团有限公司、中国海洋石油集团有限公司、国家能源投资集团有限责任公司、鞍钢集团有限公司、中国铝业集团有限公司、中国五矿集团有限公司、中国有色矿业集团有限公司等。

基础性产业所提供的都是其他生产部门的发展必不可少的主要原材料，是国民经济发展必须依赖的物质基础和外部条件。特别是在世界主要经济体对全球资源争夺日趋激烈的今天，基础性产业更是关系到一国国民经济的长远发展和长治久安。加之基础性产业通常又属于资本密集型和技术密集型产业，投资规模大，投资回收期长，因此，国有经济在基础性产业应保持较强的控制力。在战略性资源的勘探、开采环节，国有经济应保持垄断经营或者是绝对控股；在战略性资源下游产品的加工和生产经营环节，可吸引民间资本和外资更多地参与经营，从而改善技术条件，增强企业经营活力，国有经济可采取相对控股或参股的形式。

2. 支柱产业

支柱产业通常能够通过自身广泛的产业关联效应对经济发展发挥较强的带动和引领作用，并能推动其他相关产业的升级转换。支柱产业属于资金和技术密集型的重加工业，是一国综合国力的集中体现，

是国家推动工业化、现代化的主力军和骨干力量。支柱产业主要包括机械、电子、钢铁、汽车、飞机、船舶、化工、建筑等行业，具有战略性和竞争性双重属性。支柱产业一方面在一国的国民经济中居于重要的战略地位，是加速推进国家工业化进程的主导力量；另一方面其产业发展和运行又必须要遵照市场经济的规律和原则，并通过市场竞争引导产业的技术进步和结构升级。

目前我国涉及支柱产业的中央企业主要包括中国一重集团有限公司、中国机械工业集团有限公司、哈尔滨电气集团有限公司、中国东方电气集团有限公司、中国电子信息产业集团有限公司、中国宝武钢铁集团有限公司、中国第一汽车集团有限公司、东风汽车集团有限公司、中国商用飞机有限责任公司、中国中车集团有限公司、中国中化控股有限责任公司、中国建筑集团有限公司、中国建材集团有限公司等。

支柱产业既具有产业关联度高、规模经济的特点，也具有市场化程度高、竞争性强的特点，且具体行业分布众多，分类也十分复杂，总体来讲国有经济应保持相对的控制力。其中，重大装备制造、重要电子设备制造、主要石油化工、主要汽车飞机船舶制造等行业，对国民经济的影响较大，对投资规模、技术水平、人才素质要求也较高，国有经济应保持绝对控股，其余市场竞争属性较强的支柱产业，国有经济可保持相对控股或参股形式。

3. 战略性新兴产业

战略性新兴产业是以科学技术的新发展为基础，以知识、技术、研究和开发的资金密集为条件，体现国际先进技术水平，具有广阔的应用前景，对国民经济发展和社会进步具有较大影响的产业。战略性新兴产业通常成长性强、市场潜力大、盈利能力强，对其他产业的带动和影响作用大，但具有相对较高的进入壁垒，投资风险也较大，投资回收期也较长。战略性新兴产业主要包括新能源、新材料、信息技术、生物技术、高端装备制造、节能环保等产业。

战略性新兴产业表面上是企业与企业之间的竞争，实质上是国家与国家之间经济技术实力的综合较量,战略性新兴产业的发展想要获得国外的技术支持或转让难度很高,更多的是需要依靠自主创新。我国现阶段战略性新兴产业中的自主创新虽然也不乏一些中小民营企业的身影,但主要依靠的还是相关行业的大型国有企业的带动。另外,战略性新兴产业作为新兴产业的一类,产业基础薄弱,其在产业的培育期和发展初期本身也需要国家的经济干预和多项政策扶持。因此,国家应大力扶持相关行业具有较大影响力的国有企业,使国有经济对战略性新兴产业保持较强的控制力,充分发挥国有经济和国有企业的示范带动作用,从而加快战略性新兴产业的培育和发展。

（三）产业结构优化中的"退"

新时代我国国有经济战略性调整中产业结构优化的"退",即根据"公平竞争,自由流动"的配置原则,对国有经济已经失去市场竞争优势和能力的其他行业和领域,通过市场机制公平地实现优胜劣汰,实现国有资产的合理流动。

这些行业主要属于以追求利润最大化为目的,依赖市场竞争来促进行业和行业中企业发展的竞争性领域。这些行业和领域进入壁垒低、竞争属性强、市场化程度高,绝大多数对资金和技术的要求也不高,市场主体以中小企业为主,同时这些行业由于市场竞争激烈,其中的国有经济竞争优势也不太明显。

对于这些行业和领域中经营绩效高、主业突出、经营规模也较大的国有企业,可将其作为行业资源整合的主体,进行联合重组,组建为大企业集团,发挥优质国有企业在行业中的正面影响力和带动作用;而对于其中绩效差、市场竞争力弱、规模也较小的国有企业,可重组进其他大企业集团,也可让其在市场竞争中优胜劣汰,同时还可吸引非国有经济成分的进入。就我国目前的发展阶段和客观情况来讲,这些行业和领域主要包括以下几个方面。

1. 日常生活用品、制品行业

日常生活用品、制品行业的市场需求变化极快,充分的市场竞争才能保证供给结构不断地随着需求结构的变化而调整和升级，从而满足城乡居民日益增长和变化的需求。民营经济等非国有经济成分由于在灵活性和市场适应性上要优于国有经济，因此容易在这一行业取得竞争优势。日常生活用品、制品行业主要包括纺织服装、食品、文体用品、家用电器等的加工和制造，这些领域也是国有经济战略性调整十几年来国有经济比重下降较大的部门。

2. 一般矿产采掘、加工制造行业

一般矿产采掘、加工制造行业的进入壁垒较低，对资金和技术的要求也不高，竞争性较强，私人完全有能力进入这些行业。这些行业中经济效益好、规模较大的国有骨干企业，应继续发挥其行业带头作用，在与其他经济成分企业的竞争中已无优势的中小国有企业应逐步退出。一般矿产采掘、加工制造行业主要包括中小型矿产采掘加工、一般化工、一般电子制造、一般机械制造、一般钢铁等。

3. 商业、服务业领域

商业、服务业是第三产业的重要组成部分，直接面对消费者，与社会生活联系紧密。但这些行业的经营都比较分散、灵活，需要通过市场机制的作用，才能充分发挥产品和服务提供者的优势和主动性，为社会提供更高质量的产品和服务，适合由非国有经济成分来主导。商业、服务业领域主要包括商品零售与批发业、餐饮与住宿业、日常生产服务业、服务贸易、中介服务等。

四、产业结构优化的进退障碍分析

新时代我国国有经济战略性调整的产业结构优化就是要实现国有资源行业配置的优化，将国有资本更多地投向关系国家安全和国民经济命脉的重要行业和关键领域，而在国有经济已经失去市场竞争优势和能力的行业和领域，则要实现优胜劣汰。这就涉及国有资本在不同的行业和领域之间进行合理流动时，无论国有经济是进入还是退出某一行业或领域都会遇到一定的障碍。

（一）产业结构优化的进入障碍分析

根据前面的分析，新时代我国国有经济需要控制或进入的关系国家安全和国民经济命脉的重要行业和关键领域主要包括国防军工产业、自然垄断产业、提供公共产品和服务的产业、基础性产业、支柱产业、战略性新兴产业等。在这些行业和领域中，有的国有经济已经具有绝对的控制力，但有的行业和领域国有经济的控制力还需要进一步加强，即需要将更多的国有资本投向这些国有经济控制力还有待加强的行业和领域。在市场经济条件下，这就意味着需要重新组建新企业进入某一个行业或领域，或提高和扩大行业中原有企业的经营能力。通常来讲，如果是重新组建新企业进入某一行业或领域，那么新企业跟该行业中原有的企业相比会存在一定的劣势，这也就是所谓的进入障碍。一般来讲，构成这个意义上的进入障碍的因素主要有以下几点。

1. 绝对成本障碍

绝对成本障碍是指在一定的产量水平下，新企业总是存在高于行业原有企业的生产和经营成本，从而使得新企业在试图进入该行业或进入该行业以后，在与原有企业进行市场竞争的过程中总是处于不利的地位。绝对成本障碍产生的原因很多，主要包括：（1）原有企业通过对原材料的控制，使新企业需要花更高的成本购买原材料；（2）原有企业通过对主要专利的控制，使新企业无法获取优异的生产技术，从而需要花费更多的研发费用或专利购买费；（3）原有企业可以比新企业优先获得包括管理在内的高级稀缺资源；（4）原有企业比新企业往往能从供应商那里以更优惠的价格获得批量的投入要素。①

---

① 苏东水. 产业经济学［M］. 北京：高等教育出版社，2005：112.

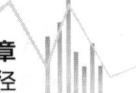

2. 规模经济障碍

新企业只有当自身的生产和销售经营达到规模经济水平时，才能以最低的成本提供产品，而在此之前，其生产和经营成本都是高于原有企业的。但是，由于受到市场容量、融资规模等条件的限制，新企业都会经历一段比较长的时间才能使自身的经营规模达到规模经济的最低要求，而在这段时间内新企业在与原有企业的竞争中由于产品单位成本较高而处于不利地位。这也就是规模经济在新企业进入时所产生的障碍。

3. 产品差异化障碍

产品产异化来源于消费者对某种产品和服务的特殊偏好。原有企业通过长期的产品差异化努力，已经在消费者中间建立了一定的品牌和产品知名度、信誉度，企业只需要花少量的成本维持这种信誉度和知名度就可以了。但是，新进入的企业为了争取市场份额，不仅要解决研发和生产方面的技术性问题，还要花较大的成本使消费者相信自己企业的优势，这就使得企业的各种成本大大增加，从而使得新企业在竞争中处于不利地位。[1]

4. 阻止性障碍

阻止性障碍是指行业中原有企业为了抵制潜在进入者和现实进入者而采取的阻碍组织进入的措施和行为，或者是政府人为设置的政策法律性限制。但从现实来看，现阶段在需要进一步加强控制力的关系国家安全和国民经济命脉的重要行业和关键领域本身国有经济所占的比重也不低，同时也是外部经济性较强的行业和领域，因此行业中原有企业的阻止性障碍就会小很多。[2] 同时这些领域也正是我国产业结构优化的目标和方向，各级政府对国有资本更多地投向这些领域、国

---

[1] 李贤沛. 工业经济学 [M]. 北京：经济管理出版社，1995：103-104.
[2] 徐传谌，郑贵廷等. 国有经济资源优化配置系统论 [M]. 北京：经济科学出版社，2006：97.

有经济进一步加强在这些行业的控制力都是大力支持的,因此现实中也很少设置政策法律性限制。

(二) 产业结构优化的退出障碍分析

根据前面的分析,新时代我国国有经济需要退出的行业和领域包括日常生活用品、制品行业,一般矿产采掘、加工制造行业及商业、服务业领域。国有经济从这些行业和领域退出是实现国有资本合理流动,国有资源优化配置的必然要求。当国有经济主动或被迫退出某一行业或领域时,也会遇到退出障碍。一般来讲,构成退出障碍的因素有以下几方面。

1. 资产专用性和沉没成本障碍

如果国有企业原先投资的资产具有很强的专用性,只能用于特定产品和服务的经营,那么企业一旦需要退出原先这个行业,进行转产,专用资产就很难转用或转卖给生产或经营其他产品的行业或企业。[①] 由于这种巨额资产出售和变现的困难性,如果这些专用资产根本无法变现或者只能以较低的价格变现,那么出售价格和企业投资额扣除折旧之后的余额之间的差就是沉没成本,沉没成本越大,意味着国有企业退出这一行业或领域的障碍也就越大。[②]

2. 解聘费用障碍

国有企业在退出原先的行业或市场的时候,还要涉及原有员工的解聘费用。根据劳动法和劳动合同的规定,要单方面解聘员工就要支付劳动者安置费用甚至违约金。如果国有企业是转产到其他行业,那么还需培训原有员工从事新工作的必要技能,承担老员工的培训费用和转移费用。这些费用就是企业在退出时所遇到的解聘费用障碍,很明显,解聘费用越高,国有企业从这一行业或市场退出的障碍也就

---

① 刘建平. 产业进退壁垒:国有企业大面积长期亏损的另一种解说 [J]. 经济评论, 1999 (1): 41-43.

② 苏东水. 产业经济学 [M]. 北京: 高等教育出版社, 2005: 115.

越大。

3. 政策障碍

政府可能因为一些特定的原因和目标而通过制定有关政策限制国有企业从某一行业或领域退出。长久以来,我国的国有企业不仅追求自身的经济利益,还承担了相当多的社会目标和财政目标,因此在社会保障体系尚未建立之前,国有企业往往因为承担了太多的养老、医疗、住房等社会职能,即使高成本运行亏损严重,也难以选择退出。此外,某些地方政府只出于本地区利益的考虑,如增加地方财政收入、获取中央补贴、解决就业等,也会想方设法阻止所属的国有企业退出某一行业或领域。①

4. 法律障碍

法律障碍是指国有企业的退出缺乏必要的法律依据和保障。企业在市场中经营,有可能取得竞争优势从而不断发展壮大,同样也有可能遭受亏损甚至被淘汰,这是市场经济适者生存、优胜劣汰的客观规律。当国有企业竞争失利无力回天的时候,从资源优化配置的角度就应该尽快退出这一行业,而将国有资产配置到市场前途更加光明的行业,从而保证国有资产的安全和运行的高效率。这本应该是市场经济中企业和国有资产管理者的理性选择,但由于我国社会主义市场经济体制尚未完善,有关立法也还比较滞后,国有企业从某一行业退出过程中所涉及的破产、兼并、转产等具体操作还缺乏必要的法律依据和保障,这无疑增加了企业退出的难度,也就形成了国有企业退出的法律障碍。②

---

① 徐传谌,郑贵廷等. 国有经济资源优化配置系统论[M]. 北京:经济科学出版社,2006:94.
② 刘建平. 产业进退壁垒:国有企业大面积长期亏损的另一种解说[J]. 经济评论,1999(1):41-43.

第三节　新时代国有经济战略性调整中空间结构的重组

新时代国有经济战略性调整的空间结构重组要按照"西部大开发、东北振兴、中部崛起、东部率先发展"的区域发展总体战略，在全国范围内实现国有资产的跨区域流动和优化配置。同时根据各区域、各省区市不同的自然禀赋和经济社会基础，明确各地区国有经济所处的不同发展阶段和承担的不同职能，通过国有经济空间布局重组国有资本在各地区之间的总量分布和国有经济的区域产业结构，建立合理的地域分工体系。

一、中华人民共和国成立以来我国国有经济空间结构的演变

中华人民共和国成立以来，我国十分重视宏观经济布局战略的制定和实施，并且经历了三次重大的调整和转换，促进了全国经济布局不断趋向合理。[①] 国有经济空间布局也随着全国宏观经济布局战略的实施而推进，国有经济空间布局的演变也蕴含在宏观经济布局的调整和转化过程中。以下着重以我国国有工业空间布局的演变来反映国有经济空间布局演变的历程。总体来看，我国国有经济空间布局开始于国民经济恢复时期之后，大体上经历了均衡布局时期（1953—1978）、非均衡布局时期（1979—1999）和非均衡协调布局时期（2000年至今）。

（一）国有经济的均衡布局时期（1953—1978）

在1953年实施第一个五年计划前，我国国民经济基本维持了新

---

① 杜肯堂，戴士根. 区域经济管理学 [M]. 北京：高等教育出版社，2004：127.

中国成立前工业主要集中在东部沿海地区的非均衡布局的状态。为了加速推进国家的工业化进程，中央政府在"一五"到"二五"期间主要集中力量围绕东北、华东、中南等地区进行重点项目的布局，力求通过工业的均衡布局战略来改变工业过度集中在东部沿海地区的局面，这也是社会主义"有计划按比例发展"在地域空间的体现。在此期间，苏联援建的 156 个重点项目在沿海只安排了 32 个，而且主要是基于临近原材料产地、交通运输便利的考虑。在 156 个重点项目里的 106 个民用工业项目中，东北地区布局了 56 个，中部地区布局了 32 个；44 个国防工业项目中，中部和西部地区占了 35 个，其中仅四川和陕西两省就有 21 个。① 由于均衡布局战略的实施，中西部地区和东北地区与东部沿海地区在区域上的劣势开始大大下降，并由此奠定了地区工业化的发展基础。

1965 年开始，出于对当时国际形势的判断，毛泽东提出要加强内地工业基础建设，中共中央随即做出了火速集中力量、加快全国和各省区战略后方建设的决策，我国开始进入"三线"② 建设时期。"三线"建设经历了第三个五年计划和第四个五年计划两个时期，前后历时十余年，主要是以西南地区为重点开展的，同时也涵盖了豫西、鄂西和湘西等地区，安排的重点项目则主要涉及铁路、电力、钢铁、机械、国防、冶金、化学等重工业各部门。在"三线"建设的十年中，内地建设投资达到 1509.82 亿元，占同期全国基本建设投资的 58.19%。③ 通过"三线"建设，西部地区的交通闭塞状况得到了初步改善，也在一定程度上奠定了西部工业的基础，一些新兴的工业城市开始在西部地区崛起，成为地区经济发展的增长极。

（二）国有经济的非均衡布局时期（1979—1999）

虽然新中国成立后，我国大力实施区域经济的均衡布局和发展战

---

① 陈鸿. 国有经济布局 [M]. 北京：中国经济出版社，2012：177.
② 从行政区划上粗略来看，"三线"地区主要包括四川、贵州、云南、陕西、甘肃、宁夏、青海 7 省区以及山西、河北、河南、湖南、湖北、广西等省区的腹地部分。
③ 数据来源：国家统计局国民经济综合统计司. 新中国五十年统计资料汇编 [M]. 北京：中国统计出版社，1999.

略，但由于区域自然禀赋和要素条件的差异，并没有从根本上改变我国工业布局不平衡的状况。随着东部地区改革开放浪潮的率先掀起，东部地区[①]凭借其区位优势开始加快对外开放，较快地发展起来。加之经济特区的设立和国家对东部地区的政策优惠和财力支持，东部地区基本形成了全方位、多层次、宽领域的开放格局。特别是邓小平南方谈话后，东部地区的长三角、珠三角、环渤海三大经济圈更是得到了快速发展，成为东部地区经济增长的引擎。到1999年，东部地区的国有及国有控股企业工业总产值已经占到全国国有及国有控股企业工业总产值的55.2%。[②]

从东部、中部、西部三大地区1979—1999年的固定资产投资额及其占全国固定资产投资总额的比重来看，改革开放后东部地区固定资产投资比重上升明显，最高时一度达到67%，占到了全国固定资产投资总额的2/3（见表6-3）。

表6-3　1979—1999年东部、中部、西部地区固定资产投资额及其占全国的比重

年份	东部地区		中部地区		西部地区	
	投资额（亿元）	比重（%）	投资额（亿元）	比重（%）	投资额（亿元）	比重（%）
1979	367	57.3	126	19.7	147	23.0
1980	451	55.3	186	22.8	179	21.9
1981	560	61.6	172	18.9	177	19.5
1982	703	60.4	237	20.3	224	19.2
1983	785	58.9	292	21.1	256	19.2
1984	1002	58.2	388	22.6	330	19.2
1985	1450	58.6	531	21.4	495	20.0
1986	1709	59.9	609	21.3	536	18.8
1987	2107	61.4	698	20.3	627	18.3
1988	2639	62.6	828	19.6	750	17.8

---

①　东部地区包括北京、天津、河北、上海、江苏、浙江、福建、山东、广东、海南、辽宁、吉林、黑龙江13省市。

②　数据来源：根据《中国统计年鉴》2000年有关数据整理计算。

续表6-3

年份	东部地区		中部地区		西部地区	
	投资额（亿元）	比重（%）	投资额（亿元）	比重（%）	投资额（亿元）	比重（%）
1989	2408	62.4	721	18.7	730	18.9
1990	2602	62.0	791	18.8	804	19.2
1991	3232	62.0	959	18.4	1019	19.6
1992	4893	64.4	1306	17.2	1400	18.4
1993	8038	66.3	1910	15.8	2180	18.0
1994	10738	67.0	2570	16.0	2727	17.0
1995	12857	66.5	3269	16.9	3214	16.6
1996	14723	65.8	3970	17.7	3692	16.5
1997	15951	64.8	4419	17.9	4262	17.3
1998	17965	63.5	5051	17.9	5246	18.6
1999	18889	63.0	5410	18.0	5691	19.0

注：东部地区包括北京、天津、河北、上海、江苏、浙江、福建、山东、广东、海南、辽宁、吉林、黑龙江13省市；中部地区包括河南、湖北、湖南、山西、安徽、江西6省；西部地区包括重庆、四川、贵州、云南、西藏、陕西、甘肃、青海、宁夏、新疆、内蒙古、广西12省区市。

资料来源：1979—1998年数据：国家统计局国民经济综合统计司. 新中国五十年统计资料汇编[M]. 北京：中国统计出版社, 1999. 1999年数据根据《中国统计年鉴》2000年有关资料整理计算。

东部地区的率先开放和发展以及国家对于东部地区的政策倾斜使得原本就已存在的东部、中部、西部地区的经济差距进一步拉大，同时还形成了不合理的区域分工格局，为西部和中部地区未来的发展埋下了隐患。

（三）国有经济的非均衡协调布局时期（2000年至今）

为了缩小区域经济差距，促进国民经济的协调发展，同时充分发挥各地区的优势条件，化解区域经济非均衡发展的矛盾，我国从2000年起相继开始实施西部大开发、东北振兴、中部崛起和东部率先发展等"基于地区、放眼全国"的区域发展总体战略，由此开始进入国有经济的非均衡协调布局时期。非均衡协调发展战略是我国首先提出并开始实践的，它强调在区域关系上要因地制宜、各展所长、优势互补、协调发展，既要对战略产业和重点区域有选择地倾斜，又要对区域经济发展过程中的重大比例问题进行协调，相对于改革开放后所实施的非均衡的梯度发展战略更符合我国的实际。①

1999年6月西部大开发战略正式提出，2000年1月国务院成立西部地区开发领导小组，开始部署实施西部大开发的重点工作。随着青藏铁路、西电东送、西气东输等国家级重大工程的建设和竣工，西部地区的基础设施条件进一步完善，加之巨大的政策优势，西部地区经济发展迅速，促进了我国区域经济的协调发展。

2002年党的十六大明确提出要支持东北地区等老工业基地加快调整和改造，东北地区经济发展的新战略由此产生，2004年东北振兴战略全面启动。东北地区依托良好的工业基础，主要实施了以国有企业改革为重点的体制机制探索和创新，一批国有企业开始重新焕发生机和活力，老工业基地的经济竞争力进一步增强。

2004年国务院总理温家宝在政府工作报告中正式提出"促进中部地区崛起"的战略构想，2006年国务院出台《关于促进中部崛起的若干意见》，中部崛起战略开始成为我国区域经济协调发展的不可或缺的重要内容。中部崛起战略的目标是把中部地区建成全国重要的粮食生产基地、能源原材料基地、现代装备制造及高技术产业基地以及综合交通运输枢纽。

2007年党中央、国务院根据新时期新阶段的新任务和新目标提出"鼓励东部地区率先发展"的重大战略举措。这里的"率先发展"更准确的含义应该是"率先可持续发展"，完全不同于20世纪80年代东部地区的率先开放和发展，而是东部地区整体经济在经过将近30年的快速发展之后，如何探索出一条不断提高自主创新能力、加快产业结构优化升级、进一步深化改革和扩大开放、切实转变经济增长方式的可持续发展道路，从而更好更有力地在率先发展和改革中带

---

① 杜肯堂，戴士根. 区域经济管理学［M］. 北京：高等教育出版社，2004：221－222.

动和帮助中西部地区发展,进而促进国民经济的整体协调发展。

二、空间结构重组中需突破的重点问题

作为区域经济的重要组成和主导经济成分,国有经济的空间结构同我国区域经济的整体特征一样,其不平衡性也十分明显,虽然近年来国有经济的空间结构随着我国区域经济的非均衡协调布局战略的实施不断地趋于合理化,但国有经济的区域产业结构趋同、西部地区和东北地区的国有经济调整需加强、国有经济的跨区流动机制未建立等重点问题依然较为突出。

(一)国有经济的区域产业结构趋同严重

在国有经济战略调整阶段(1997—2012),我国东部、中部、西部和东北地区四大区域内的国有经济产业结构最大的特点就是产业结构趋同严重,专业化协作水平低,从而导致区域主导产业雷同或不突出。

如前所述,我国东部、中部、西部和东北地区四大区域在地理位置、自然条件和自然资源禀赋、区域制度安排和经济社会条件等方面都存在着巨大的差异或差距,但是在各区域的工业产品结构中,趋同度却很高。这主要是因为以前在计划经济体制下,各地方政府缺乏区域分工协作意识,自成体系,为谋求本地区利益的最大化,长期追求地区产业门类上的全、多、大,从而导致国有企业重复投资、重复引进、重复生产等低水平重复建设现象严重,造成巨大的资源浪费。值得注意的是,这种产业结构趋同并不仅仅局限于四大区域相比较的时候,甚至在同一个省内的不同市之间产业结构趋同的问题也有进一步发展的趋势。而产业结构趋同的直接后果就是各地区不能按照自身所特有的自然、经济、技术、文化等比较优势确定各自区域的产业发展重点,从而导致区域主导产业的雷同或不突出。

如20世纪90年代末各地在制定"九五"计划和2010年远景目标纲要时,大部分的省(直辖市、自治区)都将汽车、电子、机械、

石化等定为本地区的主导产业,几乎就是国家支柱产业的翻版。① 据有关资料统计,当时有22个省区市将汽车工业选为支柱产业,16个省区市将化学工业选为支柱产业,14个省区市将冶金工业选为支柱产业。② 陈鸿也曾对10个省区市提出的产业发展重点做过抽样调查,发现各省区市在国民经济的主要行业中的行业结构趋同率高达70%,提出要发展冶金工业和电子工业的省区市分别有8个,提出要发展医药工业和化工工业的分别有6个,还有5个提出要发展汽车工业。③

(二) 西部和东北地区的国有经济调整还需加强

以工业为例,国有经济在当地规模以上企业所占的比重东部、中部、东北和西部地区依次递增④,民营经济和外资经济则依次递减。一方面,东部地区经过多年的改革开放,非公有制经济快速发展,已成为当地经济发展中的重要力量;另一方面,由于东部地区往往走在经济体制改革的前列,其国有经济的自身改革和发展进程较快,加之非公经济成分的激励和促进,更容易激发出国有经济的活力。

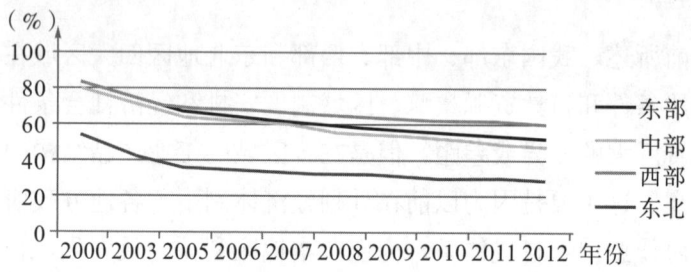

图 6-3 2000—2012 年各地区国有及国有控股工业企业资产总额占当地规模以上工业企业的比重

因此,虽然东部地区的国有经济在当地经济中的比重在不断下降(如图6-3所示),但是其国有资产的保值增值效果却很明显。从国

---

① 杜肯堂,戴士根. 区域经济管理学 [M]. 北京:高等教育出版社,2004:88.
② 陈佳贵,金碚,黄速建. 中国国有企业改革与发展研究 [M]. 北京:经济管理出版社,2000:118-119.
③ 陈鸿. 国有经济布局 [M]. 北京:中国经济出版社,2012:211.
④ 资料来源:根据《中国统计年鉴》2001—2013年相关数据整理计算。

有资产总量的地区分布上看，2011年，国有资产总量占全国比重居前四位的省（市）都位于东部地区（见表6-4）。所以，西部地区和东北地区应加大国有经济的调整力度，大力发展个体经济、私营经济、外资经济等非公有制经济成分。更为重要的一点就是在新时代国有经济战略性调整中要立足地区实际和优势，积极调整区域国有经济的产业结构，在实现国有资产保值增值的前提下使国有经济为地区经济的发展发挥更大的推动作用和带动作用。

表6-4 2011年国有资产总量及其占全国的比重居前七位的省区市

	江苏	上海	浙江	广东	重庆	天津	北京	合计	全国
国有资产总量（亿元）	12144	11537	8690	7899	6798	6017	5730	58815	117663
占全国的比重（%）	10.3	9.8	7.4	6.7	5.8	5.1	4.9	50.0	100

资料来源：根据《中国国有资产监督管理年鉴》2012年相关数据整理计算。

（三）国有经济的跨区流动机制尚未建立

国有经济产业结构的趋同和四大区域内主导产业的不突出不仅会影响到东部、中部、西部、东北地区四大区域产业结构的合理化和优化，还会给整个国民经济带来不利影响。加之国有经济的跨区域流动机制还未建立，造成各个地区只为自身的区域利益考虑，为了稳固地方利益格局、保护地区经济，必然会限制区域间的要素流动，影响正常的区域间贸易，不利于全国统一市场的建设和完善。

同时，跨区域流动机制的缺乏也不利于各个地区充分发挥各自的比较优势，从而阻碍了合理的地域分工和协作体系的形成，并使四大区域间的经济差距进一步加大。因此，新时代我国在进行国有经济战略性调整的空间结构重组时，应借助于完善的跨区流动机制，推动中央国有企业与省属国有企业之间、各省属国有企业之间的央地互动、跨省重组和资源整合，使得各个区域的国有经济发展重点和方向有所不同。

三、空间结构重组的分区配置策略

从分区配置策略的层次和结构上看,首先强调的是东部、中部、西部、东北地区四大区域间的国有经济空间布局,其次是各经济区域内部的国有经济产业结构配置,最后是基于城市和县域角度的国有经济布局。

(一) 全国空间布局策略

我国国有经济战略性调整中的全国空间布局指的是国有经济在全国不同区域之间进行战略性调整时的空间布局状态,表现为国有经济在我国的不同区域之间规模和大小的不同分布,考察的是全国范围内不同区域间国有经济的空间联系。

我国国土面积大,幅员广阔,东部、中部、西部和东北地区四大区域间的差异十分明显,从我国区域经济发展史来看,四大区域的经济发展本身就由于彼此之间存在着巨大的差异而一直处于不平衡状态。首先,四大区域间的地理位置、自然条件和自然资源禀赋各不相同。东部地区地理位置优越,交通便利,但自然资源相对匮乏;中部和东北地区承接东西,交通条件较好,矿产资源和动植物资源丰富;西部地区地形复杂而封闭,交通不便,自然条件严酷,但资源极为丰富。其次,四大区域间的区域制度安排也存在差异,主要表现为四大区域的非国有经济的发展水平不均衡。最后,四大区域间的经济社会条件迥异。基础设施建设方面,中西部地区基础设施建设滞后,交通困难、通信落后,交易成本高,远远不及东部地区;教科文卫事业发展方面,大部分的优质教育、科技、文化和卫生机构、人才和资源都分布在东部地区,中西部地区与此相比差距巨大。

因此,新时代我国国有经济战略性调整中的全国空间布局策略一方面必须要考虑到各区域间的差异和差距,另一方面构建国有资产的跨区域流动和优化配置机制也是当务之急。

1. 着重把握不同区域的区域优势和战略重点

正是由于我国东部、中部、西部和东北地区四大区域在地理位置、自然条件和自然资源禀赋、区域制度安排和经济社会条件方面都存在着巨大的差异或差距，新时代我国国有经济战略性调整中的全国空间布局必须以促进区域经济协调发展为出发点，根据发挥优势、分工合作、共同发展的原则，正确处理四大区域间国有经济和国民经济发展的关系。

从不同区域国有经济发展的总体战略角度看，即要根据区域内国有经济发展的基本情况制定不同的发展战略。在深入推进西部大开发的同时进一步提高西部地区国有资本的运行质量，加快东北地区等老工业基地国有企业的体制机制创新和技术改造力度，同时激活中部地区国有经济的发展潜力，并鼓励东部国有经济增强自主创新能力，加快产业结构升级的步伐，在有条件的地区率先实现现代化和经济社会的可持续发展。

从不同区域国有经济发展的产业结构角度看，即要根据区域的不同基础条件和比较优势制定不同的产业发展重点。这一点将在国有经济战略性调整的地区空间布局策略部分分析。

2. 构建国有资产跨区域流动和优化配置机制

具体来讲，要构建国有资产跨区域流动和优化配置的机制，即打通现行体制中竖立在不同地区之间的国有资产流动屏障。根据现行的国有资产管理体制，国务院国有资产监督管理委员会和财政部等其他中央部门只负责中央国有企业和国有资产的监督管理工作，而各个省、市、县的国有资产管理部门还会对各自层级所属的地方国有企业和国有资产进行监督管理，这就形成了从上至下的管理条块分割，不利于国有资产的跨区域流动和优化配置。

因此要在新时代国有经济战略性调整的空间布局策略中加强央地互动，充分利用我国中央国有企业国有资产总量大的这一特点（见表6—5），发挥中央企业在区域经济协调发展中的作用，特别是发挥中央企业对国家区域协调发展战略实施的引导和示范作用，带动地方国有企业特别是省级国有企业服从全国统一市场的布局要求，强化四大区域间的国有企业要素流动和分工合作，从而实现新时代四大区域间国有经济空间布局的优化。

表6-5　2005—2011年中央和地方国有企业国有资产总量及其占全国的比重

年份	中央国有企业		地方国有企业	
	国有资产总量（亿元）	占全国（%）	国有资产总量（亿元）	占全国（%）
2005	49353	57.2	36878	42.8
2006	55957	57.3	41668	42.7
2007	66996	57.7	49205	42.3
2008	72926	55.3	58903	44.7
2009	82482	52.5	74667	47.5
2010	94805	48.9	99001	51.1
2011	102245	46.5	117660	53.5

资料来源：根据《中国国有资产监督管理年鉴》2006—2012年相关数据整理计算。

（二）地区空间布局策略

我国国有经济战略性调整中的地区空间布局指的是国有经济在特定区域内的空间布局状态，表现为不同区域之间国有经济产业结构的差异，考察的是特定区域在某一发展阶段其内部国有经济的产业组合。

东部、中部、西部、东北地区四大区域的资源条件和经济社会发展水平差异巨大，很显然不能全部按照统一模式来发展区域国有经济，四大区域应该根据自身的条件和比较优势，通过市场竞争原则和比较优势原则来确立各自国有经济的优势产业和产业发展重点。具体来讲，即根据各自区域的资源禀赋、自然条件和传统优势，以实现地区经济协调发展为着眼点，推动国有资本向重点产业、重点园区和重点企业集中，并推动中央国有企业与省属国有企业之间、各省属国有企业之间的跨省重组和资源整合，做大做强一批在地区经济中具有较强带动作用的大企业大集团，逐步形成具有区域比较优势和区域特色

的国有经济产业布局结构,从根本上解决区域产业结构趋同和区域主导产业不突出的问题。

1. 东部地区国有经济产业布局策略

东部地区经过改革开放以来非均衡的梯度式开发后,经济社会高速发展,新时代东部地区要实现持续的又好又快发展必须大力调整和优化国有经济的产业布局。总体来看,东部地区在资金、技术、人才、管理和地理位置等方面都具备突出的优势,但其经济发展与自然资源、生态环境之间的矛盾也日益凸显。因此,要提升国有经济的整体技术和装备水平,加快发展科技含量高、附加值高、支撑经济发展能力强的产业中的国有经济,同时淘汰能耗高、物耗高、产能过剩的产业,加速国有经济从缺乏市场竞争力的行业或领域退出的步伐,最终实现东部地区国有经济产业布局的优化。

具体来讲,要突出以下几点。一要加快国有经济向现代服务业的布局,特别是金融服务、科技服务、信息服务等面向生产的现代服务业,推进服务型制造业的发展。二要加快国有经济向战略性新兴产业的布局,特别是高技术含量、高附加值、低能耗、低排放的先进制造业以及电子信息、新材料、新能源等新兴产业。三要加快国有经济向优势支柱产业的布局,特别是石化、钢铁、汽车、船舶等装备制造业,推进优势产业的集群化发展。四要在电子信息、机械制造、石油石化、钢铁、汽车、船舶等重点行业及领域培育一批具有自主创新能力和国际竞争优势的国有大企业大集团,实现优势互补、强强联合,提高生产集中度。五要加强与中部、西部和东北地区的经济技术合作,加强东部地区国有经济和国有企业的技术和产业转移,通过多种形式的跨地区、跨部门的专业化协作,扶持和带动其他三大区域的经济社会发展。

2. 中部地区国有经济产业布局策略

中部地区具有承东启西、纵横南北的区位优势,联系着我国东部和西部地区的经济发展,同时也拥有综合资源优势,是我国战略资源的重要聚集区,在中华人民共和国成立后的"一五"计划、"二五"计划以及"三线建设"时期,随着国家投入的增加,中部地区也有过跨越式的发展。但改革开放后,中部地区产业结构调整缓慢,国有企业改革相对滞后,制约了中部地区的经济发展。因此,要以提高中部地区工业化和城镇化水平为突破口,巩固粮食生产基地的优势地位,国有经济要重点围绕原材料基地、能源基地、制造业基地和高新技术产业基地的建设来布局,扩展地区发展空间和可持续发展能力,最终实现中部地区国有经济产业布局的优化。

具体来讲,要突出以下几点。一要围绕能源基地布局国有经济,推进火电、水电、生物质能发电和风电项目以及骨干电网的建设,发展新能源和可再生能源。二要围绕原材料基地布局国有经济,加快铁矿石、有色金属、黄金、磷等矿产资源的勘探开发,推进煤炭资源的综合开发利用,支持钢铁、有色、化肥等原材料加工业国有企业的兼并重组。三要围绕制造业基地布局国有经济,重点发展发电成套设备、变电设备、石化装备、数控机床、高铁列车、铁路机车、汽车、船舶等产品的生产和研发。四要围绕高新技术产业基地来布局国有经济,特别是电子信息、生物工程、现代中药、新材料等新兴领域。

3. 西部地区国有经济产业布局策略

西部地区地域辽阔,劳动力资源丰富,能源矿产资源、生物资源、旅游资源富集,可以说是我国最具开发潜力的地区。在西部大开发战略实施后,西部地区经济发展迅速,但是无论在经济总量、技术水平,还是在企业规模上,西部地区都与东部地区存在着明显的差距。因此,要充分发挥西部地区的资源优势,抓住进一步深入推进西部大开发战略的契机,在加强生态建设和环境保护的基础上,国有经济布局要围绕区域中心城市,以优势资源的合理开发和深度利用为重点,最终实现西部地区国有经济产业布局的优化。

具体来讲,要突出以下几点。一要推动国有经济加快完善基础设施建设,围绕综合交通运输网络和区域大通道建设,重点加强区域中心城市的道路公共交通、信息通信网络、市政公用设施等的建设完

善。二要推动国有经济优先发展资源型产业，特别是推进水能、煤炭、石油天然气等能源资源和有色金属、稀土、钾盐、磷矿等矿产资源的勘察、开发、加工和基地建设，以及加快绿色食品、旅游、中草药等特色农牧业资源的深度开发和优势转化。三要推动国有经济布局装备制造业和战略性新兴产业，依托区域中心城市的技术优势和产业基础，重点发展核电设备、燃气轮机、冶金化工成套设备、水力和风力发电成套设备、智能仪器仪表、重型机械等装备制造业和信息产业、生物制药、生物能源、高性能材料等战略性新兴产业。四要推动国有经济对原三线地区企业的调整和改造，发挥三线企业国防军工和科研力量集中的优势，推进三线企业的体制机制调整和技术改造力度，进一步深入实施军民融合战略。

4. 东北地区国有经济产业布局策略

东北地区被誉为"新中国工业的摇篮"，曾经对我国的工业化起步产生过重要影响，经过 20 世纪五六十年代国家的集中投入和重点建设，以及几十年的不断积累，东北地区已经发展成为我国举足轻重的能源原材料基地和重要装备工业基地。然而，东北地区在区域产业结构上整体呈现出结构单一、重工业过重且采掘业和原材料工业占比大、技术落后、产品结构老化，某些城市还由于资源逐渐枯竭而产生了严重的环境问题和寻找接续产业的障碍。因此，要在生态环境建设和自然资源综合开发保护的基础上，加快国有经济和国有企业的调整和改造，以增强东北地区发展基础设施、治理环境、调整产业结构的能力，最终实现东北地区国有经济产业布局的优化。

具体来讲，要突出以下几点。一要推进国有经济围绕国家装备制造业基地和能源原材料基地调整产业结构，加快国有企业的技术进步和自主创新能力、系统集成的培育，有序开发能源资源，淘汰落后产能，提升原材料精深加工水平。二要推进国有经济加快布局优势特色产业，发挥东北地区的资源优势，发展民族医药产业、农林产品精深加工和特色轻工业。三要推进国有经济支持资源型城市和资源型企业的战略转型，重点在循环经济和接替产业上布局国有经济，推动国有资源枯竭型企业的关停并转和有序退出。

(三) 市县空间布局策略

城市国有经济和县域国有经济是我国国有经济的重要组成部分，新时代我国国有经济战略性调整中的市县空间布局是对地区空间布局的进一步延伸和细化，可以省（自治区、直辖市）当中的地级市和县（区）为范围，重点考察上述范围内的城市经济和县域经济中国有经济的布局问题。

城市经济和县经济都是国民经济和区域经济的重要组成部分，探讨城市国有经济和县域国有经济的布局问题必须要与城市经济和县域经济相联系。相较于农村经济，城市经济主要是第二产业和第三产业的经济活动，具有较高的经济效益和社会效益，同时其内部各部门之间、不同的城市经济体之间都存在着广泛的经济联系，总体来说城市经济是一个综合性较强的经济系统。① 县域经济则是国民经济的基本单元，具有类似于国民经济的系统和网络，又是联系工业与农业、城市与乡村的纽带，兼有城乡经济的发展基因和功能，总体来说县域经济是一个既包括纵向经济联系，又包括横向经济联系的综合性、多层次的经济系统。②

具体来讲，新时代我国国有经济战略性调整中的市县国有经济应主要在当地经济社会发展中承担打造市场经济环境、促进多种所有制经济共同和谐发展方面发挥影响力和引导作用。国有经济的市县空间布局应着重培育和发展公益性和服务性主导产业，如城市基础设施建设、城市"三供"系统建设等，同时培育和发展对当地经济起导向和服务作用的功能性产业。

1. 城市经济中的国有经济布局策略

经过多年的发展和改革，我国城市国有经济和市属国有企业不断

---

① 杜肯堂，戴士根. 区域经济管理学 [M]. 北京：高等教育出版社，2004：262-263.
② 杜肯堂，戴士根. 区域经济管理学 [M]. 北京：高等教育出版社，2004：286-289.

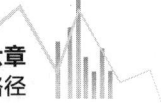

壮大，素质也明显提高。现阶段我国城市国有经济布局存在的问题跟整个国有经济布局存在的问题基本一致，城市国有经济也存在如国有经济布局过宽、比重过高、在一般性竞争行业和领域分布过多等问题。

总体来看，城市经济中的国有经济布局策略需突出以下几点。一要进一步强化城市国有经济对基础设施建设的作用，扩大交通基础设施的建设投资，特别是加快城市轨道交通、市际高速公路的建设速度，同时推进政府土地储备整理开发。二要进一步强化城市国有经济对公用事业发展的作用，对于供水、供电等市政公共设施领域，一方面要完善管网等基础设施；另一方面要组建资产经营公司，吸引社会资本参与城市公用事业的投资，而对于广播电视、医疗卫生、基础教育等，国有经济应继续保持重点布局。三要鼓励城市国有经济布局都市型农业和服务业，发挥涉农国有企业在良种、技术和市场方面的优势，发展绿色食品原料基地，同时发挥市属商贸流通企业、金融企业、房地产企业、旅游企业在功能结构、网点布局上和经营业态上的优势，强化城市国有经济和市属国有企业的带头作用。

2. 县域经济中的国有经济布局策略

目前，我国县域国有经济的规模并不大，县属国有企业的数量也不多，而且大部分县属国有企业在技术含量、人才素质和管理水平上层次还较低，且多属于委办局下属单位，市场意识普遍较差，利益驱动力严重不足。但与县域非国有经济相比，县域国有经济在县域市场建设、公路交通、物流场站、公用事业等行业和领域仍占有较大比重，其在县域经济发展中的作用还很大。[1]

因此，县域国有经济要发挥聚集区域人财物的传统优势，重点布局关系县域或所在市经济社会发展全局的基础设施建设领域和关系县域民生的供水、供电、客运等公用事业领域，同时吸引县域非国有经济参与县域国有企业的改造，为县域非公经济的发展留出广阔的

---

[1] 陈鸿. 国有经济布局 [M]. 北京：中国经济出版社，2012：251.

空间。

第四节 新时代国有经济战略性调整中企业组织结构的再造

新时代国有经济战略性调整的企业组织结构再造要以国有经济战略性调整的微观基础——国有企业为主体，继续深化国有企业改革步伐，以建立和完善国有企业现代企业制度为核心，按照国有经济战略性调整中国有企业的"六化"新定位，构建与国有经济所有制结构完善、产业结构优化和空间结构重组相适应的企业组织结构，实现国有企业由企业经营、资产经营向资本经营的转变。

一、企业组织结构再造的核心

新时代国有经济战略性调整中企业组织结构的再造是在国有经济战略性调整和国有企业改革的大背景下，通过对国有企业实施以现代企业制度的建立和完善为核心的组织结构再造，实现国有经济战略性调整的微观基础——国有企业的运行效益和质量的提高。

（一）国有经济战略性调整与国有企业改革之间的关系

国有经济从其本质来讲是国家对生产资料的占有关系，反映在微观层面就体现为国有企业的产权关系以及与此相适应的企业制度形式。由于微观上国有经济以所有者或出资人的形式分布在众多的国有企业之中，表现为单个国有企业的经济活动，所以我国国有经济的战略性调整必然与国有企业改革存在着密切的关系，着重体现为国有经济的战略性调整要通过国有企业改革来实现，而国有企业改革又要服从国有经济战略性调整的大目标。

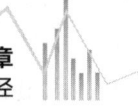

第六章
新时代我国深入推进国有经济布局结构调整的政策启示及实践路径

1. 国有经济的战略性调整要通过国有企业改革来实现

国有经济的战略性调整是从宏观层面上考虑国有经济的改革问题，使国有经济通过产业结构和空间布局的调整提高自身的运行效率，从而促进国民经济整体效益的提升。在国有经济战略性调整中，国有经济的产业结构和空间布局会不断优化，国有经济分布的行业和地区也会不断趋向合理，国有资本投向将进一步往重点产业和重要区域倾斜，最终将实现国有经济活力、控制力和影响力的增强。

而国有经济战略性调整的这一过程在微观层面上需要国有企业改革来实现，通过国有企业改革，保证国有企业中国有资产的联合、兼并、收购、重组等流动机制的建立和运行，奠定国有经济战略性调整的微观基础，从而实现国有资本在不同行业和地区间的重新优化配置，这样国有经济才能够在关系国计民生和国民经济命脉的重点产业和重要区域进一步做大做强。可以说，国有经济战略性调整主要是针对各个领域和地区国有经济的分布而言的，国有企业改革则是针对具体企业的操作而言的。

2. 国有企业改革要服从国有经济战略性调整的大目标

由于国有企业是国有经济的微观表现形式，又是国有经济的主要实现形式之一，还是国有经济战略性调整的微观主体，可以说国有经济是由所有的国有企业组成的。作为国有经济的微观细胞，只有大多数国有企业通过改革提升素质、建立合理的企业制度、增强活力，才能提升国有经济的整体素质，使国有经济系统健康、协调地发展。①

而国有企业改革又必然会导致国有企业的制度形式和存在形态发生变化，相应地也必然会影响到国有经济战略性调整的目标与实现。因此，只有当国有企业改革服从于或服务于国有经济战略性调整的大目标时，才能发挥国有企业改革对国有经济战略性调整的积极促进作

---

① 徐传谌，郑贵廷等．国有经济资源优化配置系统论［M］．北京：经济科学出版社，2006：123．

用，从而通过国有企业改革来推动国有经济战略性调整目标和任务的实现。

（二）企业组织结构再造的核心——现代企业制度的完善

在我国的国有企业改革进程中，"现代企业制度"是使用频率颇高的词汇。作为未来我国继续深入国有企业改革的重要任务，建立和完善现代企业制度还是新时代国有经济战略性调整中企业组织结构再造的核心。

1. 现代企业制度的内涵

撇开技术属性，企业实质上就是一种制度安排，这种制度安排称为企业制度。企业制度有广义和狭义之分，广义的企业制度是规范企业各利益相关者之间的交易行为、调整相互之间权责利关系的规则（即企业产权制度和企业运行制度），狭义的企业制度是关于企业所有权（即剩余索取权和剩余控制权）配置的制度安排。[①]

企业制度会随着社会经济和企业的发展而不断地演化，因此，现代企业制度即随着社会化大生产和商品经济的高度发展而产生的、与现代市场经济体制相适应、反映现代企业经济关系的规则或制度安排。国有企业建立现代企业制度就是要使企业成为真正的市场主体，从而实现国有企业的自负盈亏、自我积累、自我约束、自我发展。[②]

因此，国有企业建立和完善现代企业制度就是要将原有的"模糊产权"清晰化，并建立与之相适应的企业组织形式和组织制度，从而确保国有资产的保值增值和国有企业的运行效率，最终保障企业相关利益者的权益。[③] 从这个意义上来讲，现代企业制度的核心便是在所有权与控制权分离的基础上，理顺国有企业的委托—代理关系，并依托一定的激励约束安排和合理的治理结构，建立高效的现代国有企业

[①] 朱方明，姚树荣等. 企业经济学 [M]. 北京：经济科学出版社，2009：60-62.
[②] 朱方明，姚树荣等. 企业经济学 [M]. 北京：经济科学出版社，2009：70-71.
[③] 徐传谌，郑贵廷等. 国有经济资源优化配置系统论 [M]. 北京：经济科学出版社，2006：196.

运行机制。

2. 建立和完善现代企业制度的基本要求

国有企业产权结构的完善是建立现代企业制度的基本要求，也是完善现代企业制度的核心，还是实现国有企业产权流动和重组的理论和现实基础。我国的混合所有制经济实质上包括两个层面：从宏观来看，在所有制结构上我国实行的是公有制为主体、多种所有制经济共同发展；从微观来看，我国实行的是公有股权和非公有股权相混合的企业产权结构。[①] 完善的产权结构能够为新时代我国国有经济实现产业结构和空间结构的战略性调整提供制度保障，使得国有资产和国有资本在完善的产权结构基础上实现合理和高效的流动和配置。

1) 我国国有企业产权结构的特点

首先，所有权的模糊性。所有权和剩余索取权在国有企业中理论上讲应该归全体公民所有，但在实际操作中，全体社会成员中的个体却事实上并不拥有这种权利，国家作为全体公民的代表成为国有企业剩余索取权的实际享有者，而从法律关系上讲国家又不是国有企业真正的所有者或产权人，这就导致了我国国有企业产权的模糊性。

其次，产权的不完整性。产权是一项包含多项权利的可分解的组合，包括对财产的占有权、使用权、收益权、转让权和处分权等。产权既是一个总量概念，又是一个结构概念，即不同权利的排列组合可以决定产权的性质和结构。在我国的国有企业中，其产权所包括的归属权、使用权和支配权分别属于全体公民、国家和经营者，也就是说，对其中的任何一方而言，其所拥有的产权都具有不完整性。

2) 我国国有企业产权结构调整的模式

通过国有企业产权结构的调整可以实现国有资产的流动和重组，是新时代国有经济产业结构优化和空间结构重组的基础，也是国有企业实现由企业经营、资产经营向资本经营转变的关键环节，有利于进

---

① 李楠. 中国现阶段所有制结构及其演变的理论与实证研究 [M]. 武汉：武汉大学出版社，2008：314—315.

一步完善国有资产的管理体制和保值增值。

在市场经济条件下,产权同样也是一种商品,企业的产权所有者出于自身的各种考虑将企业财产拿到市场上交易时,产权就自然具有了商品的属性,因此就可以进行转让或买卖。从现实来看,由于企业生产经营的内部和外部环境瞬息万变,也常常会引起企业资源配置状态的变化,当作为企业产权的所有人认为当前的资源配置状态并不能为其带来预期的收益时,就可以将企业的产权以商品的形式让渡出去,从而实现企业资源的配置优化。而当我们站在产业和空间的层面来分析这种让渡行为时,也就表现为通过国有资产的流动和重组,企业国有资产以国有资本的形式从一个产业或区域向另一个产业或区域转移,从而形成产业结构和空间结构的变动。具体来看,我国国有企业所有制和产权调整主要有以下三种模式[①]:

国有企业产权转让。产权自由流动是资产价值实现的基本条件,而产权清晰又是产权流动的基本条件。当国有企业实行股份制时,由于国家只是企业的股东之一,因此并不能直接干预或者是参与企业的生产经营,但股份制却可以使国家对国有资产的所有权得到清晰的确认,为产权转让或产权交易创造了最基本的条件。通过股份的交易和转让可以带动国有资本在全社会范围内合理流动,从而提高国有企业产权的效率,促进产业结构、空间结构和企业组织结构的调整。

国有企业兼并。企业兼并是产权交易发展的必然产物,其是企业产权让渡中一种打破存量刚性的资源再配置形式。当一个企业由于各种原因导致无法继续生产经营的时候,就可以通过企业兼并的形式实现资源的再配置。国有企业兼并与国有企业产权转让一样,也需要通过市场竞争以市场交易的方式进行,既要坚持自愿原则,也需要强调有偿的原则,依靠市场机制和价值规律保证国有企业兼并的公平性和高效性。

国有企业破产。企业破产是市场经济优胜劣汰规律发生作用的体

---

① 焦方义,杨其滨.产权流动与资本重组问题研究[M].北京:经济科学出版社,2012:134—136.

现,作为国有企业来讲,企业破产可以有效地约束和控制企业所有者和经营者的行为,使其充分为企业发展的目标和战略考虑。国有企业破产制的建立迫使国有企业不断优化资源配置,从而为国有资本寻找更为有利的投资场所。

3) 新时代我国国有企业产权结构调整的制度建立

产权主体多元化的实质含义不但在于主体形式上要多元,还在于多元化的主体在现实经济活动中要真正享有独立的法人地位,自主经营、自负盈亏,名副其实地发挥市场主体作用,而不只是流于形式,使产权主体形同虚设。① 因此,需要继续调整国有企业的产权结构,进一步明晰产权关系,培育多元化的投资主体,并使各主体权能明确,从而提高资源配置的市场化程度和效率。新时代要有效实现国有企业产权结构的调整,涉及两个重要的制度安排和选择问题②:

一是国有资产管理体制的完善。国有资产管理体制的完善主要解决出资人到位问题,同时建立和完善各级产权交易市场和交易制度。国有资产管理体制完善过程中国有资产专司机构——国资委的成立,在一定程度上解决了多头管理的问题,也较为有效地解决了国有企业所有者缺位的问题,有利于明确国有企业产权主体地位,促进国有资本跨行业、跨地区合理配置,以及国有企业之间、国有企业与外资企业、民营企业之间的产权有序流动。国有企业所有权到位、产权主体明确,也能够减少所有制和产权结构调整的程序,降低调整成本,加速调整的节奏,提高国有企业所有制和产权结构调整的绩效。

二是资本市场的培育和发展。资本市场的培育和发展主要解决产权交易市场与资本市场分离、上市公司股权分置、改变投资者结构等问题。完善、高效的资本市场的建立是实现国有企业由企业经营、资产经营向资本经营转变的前提条件,现代资本经营的手段都是通过产权交易行为达成的,通过产权交易来实现国有资本的优化组合。因

---

① 刘泉红. 国有企业改革:路径设计和整体推进[M]. 北京:社会科学文献出版社,2012:24.
② 焦方义,杨其滨. 产权流动与资本重组问题研究[M]. 北京:经济科学出版社,2012:140-146.

此，需要首先存在一个与产权交易市场紧密结合的发达的资本市场来实现产权的自由流动。

3. 新时代国有企业建立和完善现代企业制度的理论分歧

通过在国有企业改革中建立"产权清晰、权责明确、政企分开、管理科学"①的现代企业制度，绝大多数国有企业已基本实现了股权结构分散化、投资主体多元化，目前全国90%以上的国有企业都已经完成了公司制股份制改造，截至2011年6月底，中央企业控股境内外上市公司已达359家。② 同时，通过中国特色公司治理模式的探索，国有企业股东会、董事会、监事会分权制衡的治理机制也在不断健全。但是，由于对现代企业制度的理解还存在分歧，以及缺乏相应的法律法规建设和监督管理措施，新时代我国国有企业建立和完善现代企业制度还存在诸多尚待研究和解决的问题。

在对现代企业制度的理解上，杨卫东就持有不同意见，他认为"产权清晰、权责明确、政企分开、管理科学"只是一般企业的制度特征，而不可能成为国有企业的制度特征。原因在于：（1）国有企业的产权经过层层代理，实质上很难清晰起来；（2）国有企业的公司治理结构是形似而神异，股东大会、董事会、监事会、经理人都是国资代表，之间没有实质上的制衡关系；（3）本质上国有企业是不能政企分开的，政企分开意味着国有企业"质"的改变，不再姓"国"；（4）国有企业缺乏科学的治理结构，管理和决策往往取决于领导者的个人素质，很难形成靠制度和体制实现的管理科学。③

在法律法规的建设上，刘泉红认为，总体来看建立现代企业制度的过程中不少工作还缺乏明确的制度规范。具体表现在当前已出台的法规体系大多由规章和规范性文件构成，法律和行政法规较少，还有

---

① 《中共中央关于建立社会主义市场经济体制若干问题的决定》提到要"建立适应市场经济要求，产权清晰、权责明确、政企分开、管理科学的现代企业制度"。
② 国务院国有资产监督管理委员会党委. 坚定不移地推进国有企业改革发展 [J]. 求是，2012（10）：14—17.
③ 杨卫东. 国企工具论 [M]. 武汉：武汉大学出版社，2012：173—174.

许多需要完善修改和起草的法规文件；一些本应以法律规章形式出台的制度却以文件的形式发布，破坏了法规体系的规范化和制度化要求。①

在监督管理措施上，徐传谌等指出，由于存在国有企业的预算软约束现象，国有企业的经理人员也不可避免地存在道德风险和经营绩效低下的问题，加之国有企业管理者与国家利益的取向不尽一致，而国家在拥有企业经营信息方面又处于不利地位，容易产生"内部人控制"，因此必须通过监督管理措施化解所有者和经营者激励之间的矛盾。②

也有学者提出了国有企业建立和完善现代企业制度的基本思路，朱方明、姚树荣等提出：一要理顺产权关系，用法律明确出资人与企业之间的关系；二要积极探索国有资产管理的有效形式；三要完善公司治理结构；四要鼓励产权多元化；五要实施合理的激励制度；六要为现代企业制度的建立和完善创造好的外部环境。③

二、企业组织结构再造中需突破的重点问题

新时代国有经济战略性调整中企业组织结构的再造无论是在政策法规的制定和执行中，还是在国有经济战略性调整的产业结构优化和空间结构重组过程中，抑或是在国有企业改革和建立现代企业制度的具体实践上，都面临着新的困难和尚未解决的问题。

（一）国有企业的公司治理结构有待进一步完善

虽然在党的十四届三中全会后，我国国有企业已初步建立了所有者、经营者和其他利益相关者三者分权制衡的企业法人治理结构，但

---

① 刘泉红.国有企业改革：路径设计和整体推进［M］.北京：社会科学文献出版社，2012：12.
② 徐传谌，郑贵廷等.国有经济资源优化配置系统论［M］.北京：经济科学出版社，2006：199-200.
③ 朱方明，姚树荣等.企业经济学［M］.北京：经济科学出版社，2009：76-77.

到目前为止依然存在诸多问题。

首先，委托—代理机制不健全。我国国有企业中代理链条长、代理层次多，其中不仅存在着股东大会、董事会、监事会等代理层次，还存在着党委会、职代会、工会等层次。多层次的委托—代理关系使委托与代理的距离被拉大，从而扩大了信息的不对称性和契约的不完全性，各层次代理人的权利和义务在代理中被逐渐模糊，导致代理成本过高。①

其次，经营者选拔机制缺乏效率。在国有企业中，经理人员的选聘往往来源于上级行政主管部门的指派，在委派任命的情况下，政府往往缺乏精力和积极性去获取提高经理人员选拔有效性的正确信息，从而导致被任命的经理人员可能并不具备真正的、合适的经营管理才能。同时，由于真正意义上的企业家非常稀缺，也使得选拔机制陷入无人可用的尴尬境地。

最后，激励和约束机制缺乏。企业替代市场降低了交易成本，却弱化了激励功能，在现代公司中，对经理人的激励和约束问题一直困扰着资本所有者。②目前我国国有企业的激励和约束机制还较为缺乏，企业的收入分配制度一方面起不到奖优罚劣的作用；另一方面也不能很好地调动经营管理层的积极性，并没有从根本上解决分配中的平均主义问题③，对于经营管理层的约束机制也还存在问题。

（二）国有企业的管理体制与发达国家存在明显差距

随着经济全球化进程的日益加快，中国已经成为世界市场不可或缺的一部分，这使得国有企业无论是在国内市场还是在国际市场都面临着与外国资本和企业的资源竞争和市场争夺。但在国有企业与跨国公司的竞争中，目前我国国有企业与世界 500 强企业相比，除了少数

---

① 徐传谌，郑贵廷等. 国有经济资源优化配置系统论 [M]. 北京：经济科学出版社，2006：235.
② 朱方明，姚树荣等. 企业经济学 [M]. 北京：经济科学出版社，2009：164.
③ 刘泉红. 国有企业改革：路径设计和整体推进 [M]. 北京：社会科学文献出版社，2012：25.

企业，无论在经营规模、经济实力还是自主创新能力上都存在着一定的差距，特别是在管理体制上更是差距明显。

尽管我国国有企业的管理模式在一定程度上借鉴了日本、欧美等国的先进经验，但计划经济体制遗留下来的烙印依然清晰。由于国有企业产权关系不清晰，就不能在制度上将企业决策者的利益与企业的利益相统一，从而导致决策者获取的真正报酬可能并不来自其对企业的正确决策，而是来自对权力的不正当使用，在这种只重视个人权力而不关注企业利益的情况下，必然导致管理效率低下和决策不科学。同时，我国国有企业在管理观念上过分强调对物质资料的管理，而忽略了对人力资源的管理，使人才的向上流动通道受到工作年限和经验的限制，导致人才流失严重又很难吸引到优秀的人才。此外，我国国有企业在管理方式上缺乏整体性和系统性，使得管理执行和目标呈现条块分割的局面。

（三）国有大企业集团的发展相对滞后

我国国有大企业集团既是国有经济的骨干力量，也是国民经济的支柱，还是国家参与国际竞争的主力军，但由于我国国有企业集团的发展还处于上升期，与西方发达国家的企业集团相比依然存在很多问题。首先，国有企业集团的行政性倾向严重，由于大部分国有企业集团的组建并不是企业自发的行为，而是政府利用行政手段干预进行的，因此企业集团内部缺乏合作基础和凝聚力，并呈现出自上而下的等级化和行政化倾向。其次，国有企业集团过分追求经营范围的多元化，使得主营业务被削弱，同时又增加了经营风险，甚至可能导致规模不经济问题的产生。最后，我国国有企业集团与世界500强相比，创新能力明显偏弱，不利于企业集团的健康发展。

从整个国有企业层面来看，战略调整阶段（1997—2012）国有资本向大企业大集团集中的趋势较为明显。2009年，全国大型国有企业1727户，资产总额433585亿元，户均资产251亿元；同年国资委监管的中央企业133户，资产总额210581亿元，户均资产1583亿元;户均资产分别是2003年的9.7倍和3.7倍。① 2013年,进入世界500强的中央企业共有45家,是2003年的7.5倍。② 但分行业来看,某些行业的单个国有企业规模严重偏小,如批发和零售、餐饮业,2011年该行业还有22522户国有企业,是国有企业户数分布上的第三大行业,占全部国有企业户数的15.6%,但从业人员仅占6.2%,国有资产总量也仅占4.7%(见表6—6),行业内大企业大集团的重组和发展亟待加快。

表6—6　2011年各行业非金融类国有企业户数、从业人员、国有资产总量分布情况

单位:%

行业	企业户数	从业人员	资产总量
农林牧渔业	4.3	8.8	0.6
工业	27.4	48.0	39.8
煤炭	1.7	8.6	3.6
石油和石化	0.5	4.7	10.4
冶金	1.8	5.6	5.0
建材	1.6	1.6	0.6
化学	2.1	2.9	1.2
森林	0.1	0.2	0.0
食品	1.5	0.8	0.2
烟草	0.1	0.7	2.3
纺织	0.5	0.6	0.1
医药	0.5	0.7	0.3
机械	5.0	7.6	3.8
电子	1.2	1.5	0.6
电力	4.0	5.5	8.0
市政公用	2.8	1.8	1.4
其他	3.1	3.2	0.9

① 陈鸿. 国有经济布局 [M]. 北京:中国经济出版社,2012:155.
② 国务院国有资产监督管理委员会. 45家中央企业入围2013年世界500强 [EB/OL]. http://www.sasac.gov.cn/n1180/n1226/n2410/n314259/n315134/15418725.html.

续表6-6

行业	企业户数	从业人员	资产总量
建筑业	5.5	9.2	4.4
地质勘查及水利业	0.9	0.4	0.4
交通运输业	5.8	11.4	15.8
仓储业	5.4	0.8	0.4
邮电通讯业	0.5	3.2	8.4
批发和零售、餐饮业	15.6	6.2	4.7
房地产业	8.8	1.9	5.4
信息技术服务业	1.0	0.5	0.2
社会服务业	16.1	5.2	15.9
卫生体育福利业	0.4	0.2	0.1
教育文化广播业	3.3	1.0	0.7
科学研究和技术	4.3	1.6	0.6
金融业	0.8	1.4	2.4
其他	0.2	0.1	0.1

资料来源：根据《中国国有资产监督管理年鉴》2012年相关数据整理计算。

三、企业组织结构再造的分块配置策略

针对企业组织结构再造中需突破的重点问题，要实现新时代我国国有经济战略性调整的企业组织结构再造，就必须采取分块配置的策略，始终以建立和完善与社会主义市场经济体制相适应的现代企业制度为目标，建立与现代市场经济规律相符合的现代企业运行机制，按照新时代我国国有经济战略性调整中国有企业的"六化"新定位，通过进一步调整和改善国有企业的大企业集团发展、公司治理结构、企业家队伍和自主创新能力，最终实现国有企业由企业经营、资产经营向资本经营的转变。

(一) 鼓励和加速国有大企业集团的发展

加快国有企业组织结构的再造，培育国有大企业大集团，增强国有企业的核心竞争力是国有企业改革的重要任务之一。根据国家的有关战略部署，应培育经营规模大、经济实力强、国际化水平高和核心竞争力强的国有大企业大集团，并使其在国民经济和对外竞争中发挥主力军的作用。而国有大企业大集团的培育必须由企业现代化管理、国际化经营管理、人力资源管理、现代企业制度建设、自主创新能力建设、企业文化建设、企业管理体制机制创新等诸多环节共同配合才能实现，这就又会促进国有企业管理组织结构完善的加快。

具体来看有以下几点：一要推进上、中、下游国有企业的重组，一方面以产业链、价值链为主线推进国有资源的整合，另一方面推动一般企业或劣势企业并入优势大企业大集团；二要通过中央企业和地方企业的重组，充分发挥中央企业经营规模大、经济实力强的优势和孤帆带头作用，推动地方企业的改革；三要优化国有资本在国有大企业大集团内部的分布，推进国有企业主辅分离、做大做强主业，辅业改制、剥离与主业关联小的业务，进一步增强国有大企业大集团的核心竞争力；四要组建国有资产经营公司，并以国有资产经营公司为资本运作平台，推进国有资本的整合、国有资产的优化配置和国有企业的重组，同时发挥国有资产公司在国有经济战略性调整中的积极作用。[①]

(二) 进一步完善国有企业公司治理结构

公司治理问题的产生是与现代公司的出现联系在一起的，现代公司所有权与控制权的分离使公司治理结构随之产生。公司治理结构涉及三大权利主体，即体现资本所有权的股东大会、体现公司法人财产控制权的董事会和体现经营管理权的经理层，构建合理的公司治理结构旨在通过一系列的制度安排达到降低代理成本和提高公司运营效率

---

① 陈鸿. 国有经济布局 [M]. 北京：中国经济出版社，2012：228—231.

的目的。① 随着国有企业改革的推进,我国国有企业的治理结构也由单一的治理结构模式发展到多元复合的现代企业制度框架下的法人治理结构模式,但由于存在委托—代理机制不健全、激励约束机制缺乏等问题,需要进一步完善国有企业的公司治理结构,以维护国家的利益。

具体来看有以下两点:一要处理好国有企业"新三会""老三会"的关系,改善董事会和监事会的结构,增强董事会和监事会的独立性,强化监事会的监督作用,同时增加外部董事,并保证独立董事真正发挥作用;二要建立有效的激励约束机制,注重对经营者和员工的内部激励,同时在强化内部监管的同时积极通过市场竞争、法律监督、社会道德与舆论监督等外部约束机制,实现国有企业内部与外部的共同制衡关系,提高公司治理的效率。

(三)建设有助于提升国有企业管理能力的企业家队伍

"企业家"(Entrepreneur)最早来源于法语 Entreprendre 一词,有冒险家之意,指那些从事军事远征活动的承担风险的领导者。国外的经济学家基于不同的视角和研究目标对"企业家"一词作了诸多解读。② 在我国,普遍认为企业家是指一些个人或由若干个人组成的团队,他或他们拥有特殊的能力,不仅能发现并掌握着关于某种市场获利机会的稀缺性信息或知识,而且能够将那些不必要的生产要素整合为可以实施这种获利机会的特殊装置——企业,或者对现存企业进行重新整合而提高其潜在获利能力。③ 事实上,在我国真正意义上的企业家是非常稀缺的,综观国有企业的企业家队伍,普遍存在企业经营管理者整体素质不高、专业化程度低、企业家政治化倾向较重、对企业管理层的激励约束机制缺位等问题。因此,需要更新观念,培育高素质的国有企业企业家阶层,强化国有企业企业家的形成机制。

具体来看有以下几点:一要加快国有企业企业家的职业化建设,

---

① 朱方明,姚树荣等. 企业经济学[M]. 北京:经济科学出版社,2009:141-142.
② 朱方明,姚树荣等. 企业经济学[M]. 北京:经济科学出版社,2009:40-43.
③ 杨其静. 企业家的企业理论[M]. 北京:中国人民大学出版社,2005:35-36.

革除根深蒂固的官本位意识，对政府公务员和企业家进行区分，制定不同的管理机制，使企业家在身份上真正适应市场经济的要求；二要进一步提升国有企业经营管理者的自身素质，加强理论知识和实际才干的培养，特别是注重培育其企业家精神、企业家意识、企业家知识和企业家能力；三要完善企业家的激励约束制度，通过发展企业家市场使国有企业的经营管理者融入市场竞争，同时优化现行的企业家评价体系，对企业家形成强有力的激励和约束导向；四要为国有企业企业家的成长创造一定的社会环境，为企业家的形成提供动力和促进力，同时保障企业家阶层的经济和政治利益。

（四）发展有助于提升自主创新能力的国有企业组织体系

国有企业加快发展，不能只依靠简单的数量扩张，还必须要有质量、有效益地发展，这就需要依靠技术进步和企业自主创新能力的提升。我国国有企业与跨国企业在规模和资本上的差距还是次要的，自主创新能力上的差距才是致命之处，大量事实已经表明，缺乏核心技术和自主知识产权已经使我国国有企业面临着极大的挑战。因此，确立国有企业的技术创新主体地位和科技开发投入主体地位，形成以企业为中心的技术创新体系就显得尤为重要。特别是在当今科技发展突飞猛进、技术创新能力成为一个国家或企业发展的核心驱动力的背景下，提升国有企业的自主创新能力不仅是我国建设创新型国家的必由之路，也是国有企业增强核心竞争力、实现跨越式发展的必然选择。

具体来看有以下几点：一要鼓励国有企业加大自主创新的投入力度，通过原始创新、集成创新、消化吸收再创新等多种形式实施企业的科技发展战略；二要加强国有企业技术研发组织的建设，充分利用企业内部的研发机构、其他科研设计单位和社会科研资源的综合优势，形成分工合理的研究开发体系；三要通过提升全社会对知识产权的重视程度，强化国有企业的知识产权意识，加强对知识产权的保护；四要为国有企业开展自主创新活动提供良好的保障措施和政策环境，特别是国务院国有资产监督管理委员会应该在这其中扮演重要角色，成为提升国有企业自主创新能力的助推器。

结 语

自 1997 年党的十五大正式提出要战略性调整国有经济布局以来，我国的国有经济战略性调整已经取得了显著的成果，国有经济战线缩短，实力、运行质量和效率明显提高，国有企业的现代企业制度建设也取得了重大进展，国有经济的活力、控制力和影响力得到增强，对宏观经济的调控能力也得到改善，国有经济的布局和结构趋向优化和合理。

特别是在国有经济的战略调整阶段（1997—2012），我国国有经济战略性调整取得了长足进展，有不少成功经验。党和国家推进国有经济布局结构战略性调整的成就与经验，也是党的百年奋斗重大成就和历史经验的有机组成部分。对战略调整阶段（1997—2012）国有经济布局结构战略性调整的历程与成就进行系统梳理和评价，有助于为新时代进一步深入推进国有经济布局和结构调整提供历史经验总结和实践政策指引。

国有经济战略性调整是一项系统工程，微观层面涉及国有企业的公司制股份制改造，国有企业的内部治理和经营机制改革；宏观层面涉及国有经济的布局与结构调整，国有企业的运营环境重塑。因此，本书基于对战略调整阶段（1997—2012）国有经济所有制结构、产业结构、空间结构和企业组织结构的阶段现状、存在问题的深刻剖析，同时结合国外国有经济布局结构调整的历史经验和一般规律，提出对新时代我国深入推进国有经济布局结构调整的政策启示。

在所有制结构完善中，需要按照公有制经济、非公有制经济和混合所有制经济来对所有制结构进行分层配置，以充分体现社会主义初级阶段的基本经济制度，在国有经济战略性调整中坚持公有制的主体地位，鼓励、支持、引导非公有制经济发展，同时积极发展混合所有制经济。

在产业结构优化中，需要按照国家发展战略和行业属性对国有经济的产业结构进行分类配置，坚持有进有退、合理流动的原则，实现国有资源行业配置的优化，推动国有资本向关系国计民生和国家经济命脉的重要领域及地区战略性强、公共民生服务性强的环节集中。

在空间结构重组中，需要根据国家区域发展战略和区域比较优势对国有经济的空间结构进行分区配置，根据各区域、各省区市不同的自然禀赋和经济社会基础，通过国有经济空间布局重组国有资本在各地区之间的总量分布和国有经济的区域产业结构，建立合理的地域分工体系。

在企业组织结构再造中，需要以与国有经济所有制结构、产业结构和空间结构相适应的企业制度完善和重塑为核心，从国有大企业集团的发展、公司治理结构、企业家队伍和自主创新能力等方面来制定配置策略，最终实现国有企业由企业经营、资产经营向资本经营的转变。

总之，国有经济布局结构的战略性调整既不是简单的"退位让位"问题，也不是单纯地做大做强国有企业的问题，而应该是围绕建立和完善中国特色的社会主义市场经济体制这一目标，从微观与宏观相结合的层面对国有企业和国有经济管理体制进行的全面改革。深入推进国有经济布局结构的战略性调整是我国在新时代的重要战略任务，把党和国家推进国有经济布局和结构调整的历程成就和经验启示总结好、坚持好、运用好、发扬好，对于不断提升国有经济的竞争力、创新力、控制力、影响力、抗风险能力，更好发挥国有经济的稳定器、压舱石和战略支撑作用，具有极其重要的现实意义。

参考文献

一、中文文献

（一）著作

H. 钱纳里，S. 鲁宾逊，M. 赛尔奎因. 工业化与经济增长的比较研究［M］. 上海：上海三联书店、上海人民出版社，1989.

白永秀. 后改革时代西部国有企业发展战略研究［M］. 北京：科学出版社，2012.

保罗·R. 格雷戈里，罗伯特·C. 斯图尔特. 比较经济体制学［M］. 上海：上海三联书店，1988.

本书编写组. 国企改革若干问题研究［M］. 北京：中国经济出版社，2017.

陈鸿. 国有经济布局［M］. 北京：中国经济出版社，2012.

陈佳贵，黄速建. 市场经济与企业组织结构［M］. 北京：经济管理出版社，1995.

陈佳贵，金碚，黄速建. 中国国有企业改革与发展研究［M］. 北京：经济管理出版社，2000.

邓荣霖，陈东. 现代企业组织制度［M］. 北京：中国人民大学出版社，1998.

杜肯堂，戴士根. 区域经济管理学［M］. 北京：高等教育出版社，2004.

冯梅，陈志楣，王再文. 中国国有企业社会责任论：基于和谐社会的思考[M]. 北京：经济科学出版社，2009.

高德步，王珏. 世界经济史[M]. 北京：中国人民大学出版社，2005.

高德步. 世界经济通史（下卷）[M]. 北京：高等教育出版社，2005.

高明华等. 深入推进国有经济战略性调整研究——基于国有企业分类改革的视角[M]. 北京：中国经济出版社，2020.

顾宝炎. 国外国有企业的管理和改革[M]. 北京：中国人事出版社，1999.

国务院国有资产监督管理委员会研究局. 探索与研究：国有资产监管和国有企业改革研究报告（2011）[R]. 北京：中国经济出版社，2012.

国务院国资委宣传局，国务院国资委新闻中心. 国企面对面[M]. 北京：中国经济出版社，2012.

胡雄飞. 企业组织结构研究[M]. 上海：立信会计出版社，1996.

纪玉山，贾成中. 竞争性领域国有经济战略重组研究[M]. 北京：科学出版社，2009.

焦方义，杨其滨. 产权流动与资本重组问题研究[M]. 北京：经济科学出版社，2012.

李华，马树才，袁国敏等. 产业结构优化与国有经济战略性调整——模型分析及政策研究[M]. 北京：中国经济出版社，2005.

李楠. 中国现阶段所有制结构及其演变的理论与实证研究[M]. 武汉：武汉大学出版社，2008.

李松森等. 国有经济战略调整对策研究[M]. 大连：东北财经大学出版社，2003.

林毅夫，蔡昉，李周. 充分信息与国有企业改革[M]. 上海：上海人民出版社，1997.

刘国光. 共同理想的基石——国有企业若干重大问题评论[M]. 北京：经济科学出版社，2012.

刘泉红. 国有企业改革：路径设计和整体推进[M]. 北京：社会科学文献出版社，2012.

马姆德·阿里·阿尤布，斯文·奥拉夫·赫格斯特德. 公有制工业企业成功的决定因素［M］．北京：中国财政经济出版社，1987．

玛莎·费丽莫．国际社会中的国家利益［M］．杭州：浙江人民出版社，2001．

戚聿东，边文霞，周斌．国有经济战略调整与国有企业改制研究［M］．北京：经济管理出版社，2003．

苏东水．产业经济学［M］．北京：高等教育出版社，2005．

孙健．中华人民共和国经济史［M］．北京：中国人民大学出版社，1992．

唐未兵．中国转轨时期所有制结构演进的制度分析［M］．北京：经济科学出版社，2004．

王胜利．中国特色社会主义所有制结构研究［M］．北京：经济科学出版社，2009．

吴敬琏．当代中国经济改革［M］．北京：远东出版社，2004．

吴培良，郑明身．工业企业组织设计［M］．北京：中国人民大学出版社，1993．

伍柏麟，席春迎．西方国有经济研究［M］．北京：高等教育出版社，1997．

武力．中华人民共和国经济简史［M］．北京：中国社会科学出版社，2008．

西蒙·库兹涅茨．各国的经济增长［M］．北京：商务印书馆，1999．

晓亮．所有制理论与所有制改革［M］．上海：上海财经大学出版社，2002．

徐传谌，郑贵廷等．国有经济资源优化配置系统论［M］．北京：经济科学出版社，2006．

徐炜．企业组织结构——21世纪新环境下的演进与发展［M］．北京：经济管理出版社，2008．

严汉平等．国有经济逻辑边界及战略调整［M］．北京：中国经济出版社，2007．

杨洁勉．战后西欧的国有经济［M］．上海：上海外语教育出版社，1988．

杨卫东. 国企工具论［M］. 武汉：武汉大学出版社，2012.

杨运杰等. 混合所有制论——所有制问题的可持续发展研究［M］. 北京：中国审计出版社，2000.

约瑟夫·斯蒂格里兹. 政府经济学［M］. 北京：春秋出版社，1988.

张文魁，袁东明. 中国经济改革 30 年：国有企业卷［M］. 重庆：重庆大学出版社，2008.

张卓元，郑海航. 中国国有企业改革 30 年回顾与展望［M］. 北京：人民出版社，2008.

中共中央关于党的百年奋斗重大成就和历史经验的决议［M］. 北京：人民出版社，2021.

朱炳元. 全球化与中国国家利益［M］. 北京：人民出版社，2004.

朱方明，姚树荣等. 企业经济学［M］. 北京：经济科学出版社，2009.

朱方明. 政治经济学（下册）［M］. 成都：四川大学出版社，2005.

左大培. 不许再卖：揭穿企业改制的神话［M］. 北京：中国财政经济出版社，2006.

（二）学术论文

《国有经济法律制度研究》课题组. 国有经济发展中的重要法律问题研究［J］. 法学，2004（8）.

白永秀，严汉平. 转轨时期国有经济退出路径的变迁——由体制内主动退出到体制外被动退出［J］. 求是学刊，2003（2）.

白重恩，路江涌，陶志刚. 国有企业改制效果的实证研究［J］. 经济研究，2006（8）.

曹士海. 中俄经济制度改革的若干比较——经济学家程恩富教授访谈［J］. 嘉应大学学报（哲学社会科学），1999（5）.

曹阳. 国有经济布局战略性"退出"论［J］. 经济评论，2001（2）.

陈东琪，臧跃茹，刘立峰等. 国有经济布局战略性调整的方向和改革举措研究［J］. 宏观经济研究，2015（1）.

陈和午. 警惕资源配置向国有经济过度集中［J］. 上海国资，2009（5）.

陈淮. 关于国有经济改革的若干思考与辨析 [J]. 管理世界, 2000 (5).

陈佳贵, 黄群慧, 钟宏武. 中国地区工业化进程的综合评价和特征分析 [J]. 经济研究, 2006 (6).

陈佳贵, 钟宏武. 西部地区工业化进程的综合评价和阶段性特征 [J]. 开发研究, 2007 (1).

陈佳贵. 发展社会主义市场经济与企业组织结构的调整改革 [J]. 经济研究, 1993 (5)

程恩富. 资本主义和社会主义如何利用股份制——兼论国有经济的六项基本功能 [J]. 经济学动态, 2004 (10).

丁任重. 中国国有企业改革演进: 另一种视角的解读——关于"国退民进"与"国进民退"争议的思考 [J]. 当代经济研究, 2010 (1).

樊纲. 国有企业资产的退与进 [J]. 施工企业管理, 2005 (6).

范恒山. 国有经济的战略调整与国有企业改革 [J]. 经济社会体制比较, 2002 (4).

方旭飞. 阿根廷国有企业私有化 [J]. 拉丁美洲研究, 2004 (6).

傅艳. 关于 80 年代以来法国国有企业变迁的思考 [J]. 世界经济与政治, 1995 (1).

顾钰民. 科学把握公有制的主体地位和国有经济的主导作用 [J]. 思想教育理论导刊, 2008 (11).

郭东风. 国有企业托管问题的背景分析 [J]. 战略与管理, 1997 (5).

郭国荣, 戴树平. 加快推进国有经济布局和结构调整 [J]. 宏观经济研究, 2005 (4).

郭克莎. 中国工业化的进程、问题与出路 [J]. 中国社会科学, 2000 (3).

国家统计局课题组. 对国有经济控制力的量化分析 [J]. 统计研究, 2001 (1).

国务院国有资产监督管理委员会党委. 坚定不移地推进国有企业改革发展 [J]. 求是, 2012 (10).

郝书辰, 蒋震. 我国国有经济的市场结构分析和退出路径选择 [J]. 管理世界, 2007 (8).

和军. 论国有经济合理进退的标准 [J]. 现代经济探讨, 2012 (3).

洪功翔. 做强做优做大国有企业的理论思考 [J]. 理论探索, 2016 (6).

胡吉祥, 童英, 陈玉宇. 国有企业上市对绩效的影响: 一种处理效应方法 [J]. 经济学 (季刊), 2011 (3).

胡家勇. 国有经济规模: 国际比较 [J]. 改革, 2001 (1).

胡乐明. 国有企业比重演变特征及趋势分析——兼论"国进民退"与"国退民进" [J]. 中国流通经济, 2012 (1).

黄清. 国有企业整体上市研究——国有企业分拆上市和整体上市模式的案例分析 [J]. 管理世界, 2004 (2).

黄群慧. "十三五"时期新一轮国有经济战略性调整研究 [J]. 北京交通大学学报 (社会科学版), 2016 (2).

黄群慧. 国有经济布局优化和结构调整的三个原则 [J]. 经济研究, 2020 (1).

黄群慧. 中国的工业化进程: 阶段、特征与前景 [J]. 经济与管理, 2013 (7).

黄速建, 余菁. 国有企业的性质、目标与社会责任 [J]. 中国工业经济, 2006 (2).

黄速建. 中国企业组织结构调整与企业重组 60 年 [J]. 首都经济贸易大学学报, 2009 (4).

纪宝成. 国有经济制度创新的几个理论与实践问题研究 [J]. 中国人民大学学报, 2004 (5).

纪玉山, 李兵, 李晓辉. 竞争性领域国有经济退出承接的新模式——对"动态股权制"经验的思考 [J]. 社会科学战线, 2003 (2).

金碚. 论国有企业改革再定位 [J]. 中国工业经济, 2010 (4).

李华. 发达国家对国有经济管理的经验借鉴 [J]. 经济社会体制比较, 2001 (4).

李军林. 双重激励下的组织行为——一个关于国有企业 (SOEs) 的理论 [J]. 经济学动态, 2011 (1).

李平. 论竞争领域国企改革的根本出路 [J]. 管理世界, 2000 (3).

李青原, 潘雅敏, 陈晓. 国有经济比重与我国地区实体经济资本配置效率——来自省级工业行业数据的证据［J］. 经济学家，2010（1）.

李荣融. 宏大的工程，宝贵的经验——记国有企业改革发展 30 年［J］. 求是，2008（16）.

李荣融. 继续调整国有经济布局和结构，推进中国国有企业更多地参与国际竞争与合作［J］. 管理世界，2004（2）.

李荣融. 中国将加快国有经济布局和结构的战略调整［J］. 领导决策信息，2005（37）.

李松森. 国有经济结构调整的理论分析［J］. 东北财经大学学报，2004（4）.

李政. "国进民退"之争的回顾与澄清——国有经济功能决定国有企业必须有"进"有"退"［J］. 社会科学辑刊，2010（5）.

李中义. 国有经济的功能定位与战略调整——兼评"国进民退"［J］. 财经问题研究，2014（2）.

厉以宁. 经济发展方式转变和国有企业的发展战略［J］. 中国市场，2011（1）.

厉以宁. 十五大后国企改革需要统一八个认识问题［J］. 宣传手册，1997（23）.

林毅夫，李周. 现代企业制度的内涵与国有企业改革方向［J］. 经济研究，1997（3）.

林毅夫，刘培林. 自生能力和国企改革［J］. 经济研究，2001（9）.

林跃勤. 俄罗斯经济改革和独联体发展前景——2002 年秋季访俄报告［J］. 经济学动态，2003（1）.

刘怀德. 论国有经济的规模控制［J］. 经济研究，2001（1）.

刘建平. 产业进退壁垒：国有企业大面积长期亏损的另一种解说［J］. 经济评论，1999（1）.

刘瑞明，石磊. 国有企业的双重效率损失与经济增长［J］. 经济研究，2010（1）.

刘小玄. 企业边界的重新确定：分立式的产权重组——大中型国有企业的一种改制模式［J］. 经济研究. 2001（4）.

刘毅. 日本国有企业的股份公司改造［J］. 日本研究，2002（4）.

刘子愈. 在国有经济战略性调整中促进产业结构升级［J］. 延安大学学报（社会科学版），2002（1）.

鲁天鑫. 国外国有企业改革路径的考察及启示［J］. 技术经济与管理研究，2006（3）.

马建堂. 关于未来几年国有经济改革与发展的思考［J］. 财贸经济，2003（8）.

潘红波，夏新平，余明桂. 政府干预、政治关联与地方国有企业并购［J］. 经济研究，2008（4）.

平新乔. 论国有经济比重的内生决定［J］. 经济研究，2000（7）.

戚聿东，张航燕. 改革开放以来我国国有经济总量和结构的演变［J］. 当代财经，2009（2）.

荣兆梓. 国有企业改革：成就与问题［J］. 经济学家，2012（4）.

邵宁. 国有企业与国有资产管理体制改革［J］. 中国发展观察，2010（1）.

邵宁. 中国国有企业改革的前景和面临的挑战［J］. 理论前沿，2007（20）.

沈越. 论国有经济布局结构的调整［J］. 经济学动态，2001（3）.

沈志渔，刘兴国，周小虎. 基于社会责任的国有企业改革研究［J］. 中国工业经济，2008（9）.

盛毅. 用行业集中度确定国有经济控制力的数量界限［J］. 经济体制改革，2010（6）.

孙久文，丁鸿君. 我国工业化阶段测度的区域特征实证分析——基于江苏、河南、新疆的比较研究［J］. 南京社会科学，2011（7）.

孙群燕，李杰，张安民. 寡头竞争情形下的国企改革——论国有股份比重的最优选择［J］. 经济研究，2004（1）.

孙秀丽，田为厚. "反思派"的国有企业改革理论与主张述评［J］. 山东大学学报（哲学社会科学版），2012（1）.

唐宗焜. 加强证券市场制度建设，促进国有经济战略调整［J］. 经济研究，1999（10）.

佟福全. 西方国有企业改革方式的比较及其共同规律性［J］. 世界经

济，1998（1）.

汪立鑫，左川. 国有经济与民营经济的共生发展关系——理论分析与经验证据［J］. 复旦学报（社会科学版），2019（4）.

王荣红. 关于国有经济控制力与国有经济结构战略调整的思考［J］. 改革与战略，2009（1）.

王忠明. 改革开放与国有经济战略性调整［J］. 经济与管理研究，2008（2）.

吴敬琏，张军扩，吕薇等. 实现国有经济的战略性改组——国有企业改革的一种思路［J］. 改革，1997（5）.

吴强. 从国际金融危机看国有经济控制国家经济命脉的合理性［J］. 红旗文稿，2010（6）.

吴延兵. 国有企业双重效率损失研究［J］. 经济研究，2012（3）.

习近平. 中国共产党领导是中国特色社会主义最本质的特征［J］. 求是，2020（14）.

夏小林. 非国有经济：总量结构、增长与布局合理化——跨世纪的挑战与选择［J］. 管理世界，2000（3）.

项安波. 重启新一轮实质性、有力度的国企改革——纪念国企改革40年［J］. 管理世界，2018（10）.

肖红军. 推进国有经济产业布局优化和结构调整的方法论［J］. 改革，2021（1）.

谢地，景玉琴. 论自然垄断与国有经济的关系——国际比较及中国视角［J］. 社会科学战线，2003（1）.

徐传谌，庄慧彬. 论理论创新与国有经济改革［J］. 吉林大学社会科学学报，2005（5）.

许文. 中国国有经济的战略性退出［J］. 上海经济研究，2000（6）.

许向真. 国有经济布局与调整的若干思考［J］. 社会科学辑刊，2006（3）.

严汉平，白永秀. 国有经济存在的逻辑及边界的确定［J］. 社会科学辑刊，2003（4）.

杨灿明. 产业特性与产业定位——关于国有企业的另一个分析框

架［J］．经济研究，2001（9）．

杨洁勉．试论西欧国有企业的私有化趋势［J］．世界经济，1987（2）．

杨励．论中国国有经济的配置角色及其嬗变［J］．清华大学学报（哲学社会科学版），2006（5）．

杨文武．经济全球化与印度国有企业改革［J］．南亚研究季刊，2001（4）．

杨正东，甘德安．中国国有企业与民营企业的数量演进——基于种群生态学的仿真实验［J］．经济评论，2011（4）．

叶祥松．美国国有企业管理体制给我们改革的启示［J］．东疆学刊，1996（3）．

于德宝．匈牙利经济转轨造成的严重问题［J］．经济研究参考，2006（63）．

于良春．刍议国有企业的职能定位与规模定位［J］．经济研究，1998（5）．

袁志刚．国有企业的历史地位、功能及其进一步改革［J］．学术月刊，2010（1）．

张春霖．国有经济布局调整的若干理论和政策问题［J］．经济研究，1999（8）．

张航燕．国有经济布局优化的成效与调整取向［J］．河北经贸大学学报，2021（5）．

张继良．论国有经济的控制力［J］．经济学动态，1999（5）．

张敏．论英国国有企业的经营与管理［J］．欧洲研究，1996（5）．

张其佐．发展中国家的国有经济研究［J］．四川大学学报（哲学社会科学版），1990（4）．

张维迎，粟树和．地区间竞争与中国国有企业的民营化［J］．经济研究，1998（12）．

张宇．当前关于国有经济的若干争议性问题［J］．经济学动态，2010（6）．

张宇．论国有经济的主导作用［J］．经济学动态，2009（12）．

张宇．正确认识国有经济在社会主义市场经济中的地位和作用——兼评否定国有经济主导作用的若干片面认识［J］. 毛泽东邓小平理论研究，2010（1）.

赵秋艳. 浅析当前俄罗斯经济中的"新国有化"趋势［J］. 俄罗斯中亚东欧市场，2006（7）.

郑春成. 当代资本主义国有经济述论［J］. 厦门大学学报（哲学社会科学版），1990（1）.

中国社会科学院工业经济研究所课题组. 论新时期全面深化国有经济改革重大任务［J］. 中国工业经济，2014（9）.

中国社会科学院经济文化研究中心《国民经济研究组》. 提供休养生息机会　创造公平竞争环境——对国有企业脱困的几点看法［J］. 真理的追求，1999（4）.

周茂清. 发展中国家国有经济的发展［J］. 世界经济与政治论坛，2002（5）.

周叔莲，周维富. 我国工业改革 30 年的回顾与展望［J］. 新视野，2009（1）.

周烜. 中国国有企业境外资产监管问题研究——基于内部控制整体框架的视角［J］. 中国工业经济，2012（1）.

宗寒. 正确认识国有经济的地位和作用——与袁志刚、邵挺商榷［J］. 学术月刊，2010（6）.

宗寒. 正确认识国有企业的作用和效率——与刘瑞、石磊先生商榷［J］. 当代经济研究，2011（2）.

吴敬琏. 对国资委成立后国有经济改革的若干建议［N］. 中国经济时报，2003－07－24.

国务院国有资产监督管理委员会研究室. 坚持国企改革方向　规范推进国企改制［N］. 人民日报，2004－09－29.

李韶辉. 启动民间投资　激发内生动力［N］. 中国改革报，2010－05－15.

岳彩周. 落实新 36 条：市场主体平等仍是关键［N］. 财会信报，2010－05－17.

白天亮. "十二五"国有企业改革方向初定，国企将分公益性竞争

性 [N]. 人民日报，2011-12-14.

刘纪鹏. 探索建立新型国有资产管理体制 [N]. 经济日报，2012-04-13.

人民日报评论员. "国有""民营"相互促进共同发展——三论坚持和完善我国基本经济制度 [N]. 人民日报，2012-05-19.

习近平. 坚持党对国有企业的领导不动摇 [N]. 人民日报，2016-10-12.

杜国功. 高质量推进国有经济布局优化和结构调整 [N]. 经济参考报，2020-09-28.

二、英文文献

Chang Chun, Brian P. McCall, Yijiang Wang. (2003). Incentive Contracting versus Ownership Reforms: Evidence from China's Township & Village Enterprises [J]. Journal of Comparative Economics.

Curwen, Peter J. (1986). Public Enterprise: A Modern Approach [M]. St. Martin's Press.

D'souza J., Megginson L. (1999). The Financial and Operating Performance of Privatized Firms during the 1990s [J]. The Journal of Finance.

David D. Li, Changqi Wu. (2001). The Ownership School vs the Management School of State Enterprise Reform: Evidence from China [R]. Hang Leung Center for Organization Research at the Hong Kong University of Science and Technology.

Fan Gang, Wing Thye Woo. (1997). State Enterprise Reform as a Source of Macroeconomic Instability [J]. Asian Economic Journal.

Frydman Roman, Gary Cheryl, Hessel Marek, Rapaczynski Andrzel. (1999). When Does Privatization Work? The Impact of Private Ownership on Corporate Performance in the Transition Economies [J].

Quarterly Journal of Economics.

Galal A., Jones L., Tandon P. and Vogelsang I. (1994). Welfare Consequences of Selling Public Enterprises: An Empirical Analysis [M]. Oxford University Press.

Holderness C., Sheehan D. (1988). The Role of Majority Shareholders in Publicly Held Corporations: An Exploratory Analysis [J]. Journal of Financial Economics.

Jiahua Che, Yingyi Qian. (1998). Insecure Property Rights & Government Ownership of Firms [J]. Quarterly Journal of Economics.

Joseph Stiglitz. (1997). Looking Out for The National Interest: The Principles of The Council of Economic Advisers [J]. Aea Papers and Proceedings May.

La Porta R., Lopez-de-Silanes F. (1999). The Benefits of Privatization: Evidence from Mexico [J]. The Quarterly Journal of Economics.

Laurin C., Bozec Y. (2001). Privatization and Productivity Improvement: the case of Canadian National [J]. Transportation Research Part E: Logistics and Transportation Review.

Lucian Arye Bebchuk. (1999). A Rent-protection Theory of Corporate Ownership and Control [Z]. NBER, No. 7203.

McConnell J., Servaes H. (1990). Additional Evidence on Equity Ownership and Corporate Value [J]. Journal of Financial Economics.

Michael Zweig. (1969). Political Economy and the National Interest [J]. Review of Radical Political Economic.

OECD. (2005). Corporate Governance of State-owned Enterprises [Z]. Paris.

R. H. Floyd, C. S. Gray, R. P. (1984). Short Public Enterprise in Mixed Economies: Some Macroeconomic Aspects [R]. IMF, Washington D. C.

Ralph E. Gomory, William J. Baumol. (2000). Global Trade and Conflicting National Interests [M]. Massachusetts Institute of

Technology Press.

Ramamurti R. (1997). Testing the Limits of Privatization: Argentine Railroads [J]. World Development.

Ronald H. Coase. (1960). The Problem of Social Cost [J]. Journal of Law and Economics.

Yong Deng. (1998). The Chinese Conception of National Interests in International Relations [J]. The China Quarterly.